Kiel – Coventry. Beginn einer Freundschaft

Sonderveröffentlichungen der
Gesellschaft für Kieler Stadtgeschichte
herausgegeben von Rolf Fischer
Band 102

KIEL – COVENTRY. BEGINN EINER FREUNDSCHAFT

Provost Howards Besuch in Kiel 1947

Herausgegeben und ins Deutsche übersetzt
von Christoph Laucht

Ludwig

Bibliografische Information der Deutschen Nationalbibliothek
Die Deutsche Nationalbibliothek verzeichnet diese Publikation in der Deutschen Nationalbibliografie; detaillierte bibliografische Daten sind im Internet über https://portal.dnb.de abrufbar.

Holtenauer Straße 141
24118 Kiel
Tel.: 0431-85464
Fax: 0431-8058305
info@verlag-ludwig.de
www.verlag-ludwig.de

Titelbild: Provost Richard Howard (li.) und Coventrys ehemaliger Bürgermeister George Briggs (re.) während des Besuchs der Kieler Woche 1947. Landesarchiv Schleswig-Holstein, Abt. 2003.2 Nr. 2113.

Gedruckt auf säurefreiem und alterungsbeständigem Papier
Printed in Germany

ISBN 978-3-86935-485-9

DANKSAGUNG

Mein besonderer Dank gilt dem Archiv der Kathedrale von Coventry (Coventry Cathedral Archives), das mir die Veröffentlichung von Propst Richard Howards Tagebuch gestattete.

Ebenso danke ich Dr. Tom Allbeson (Universität Cardiff), der mich im Rahmen eines gemeinsamen Forschungsprojekts zu Städtepartnerschaften, Versöhnung und Wiederaufbau in Europa nach 1945 auf dieses Dokument aufmerksam machte. Für die Fertigstellung dieser Edition war die fachkundige und tatkräftige Unterstützung durch Archivarinnen und Archivare unerlässlich. Mein besonderer Dank gebührt Dianne Morris (Coventry Cathedral Archives). Zudem gaben Dr. Katrina Legg und Emily Hewitt vom Richard Burton Archiv der Universität Swansea praktische Tipps. Dr. Georg Wilhelm (Diözesanarchiv Osnabrück), Ulrich Stenzel (Landeskirchliches Archiv der Nordkirche Kiel) und das Stadtarchiv Coventry (Coventry Archives) halfen bei der Recherche biografischer Informationen, während Julia Liedtke (Landesarchiv Schleswig-Holstein), Christoph Freitag und Hans-Henning Freitag vom Stadtarchiv Kiel Fotografien aufspürten und Scans von Archivalien bereitstellten. Sarah Scouller (Coventry Cathedral) fertigte Fotografien an, und Revd Mary Gregory (Coventry Cathedral) verfasste freundlicherweise ein Vorwort. Darüber hinaus gilt mein Dank Dr. Timo Erlenbusch (Stadtarchiv Olpe) und Dr. Suzanne Cavell. Ferner bot die Vortragsserie des Department of History, Heritage and Classics der Universität Swansea ein stimulierendes Umfeld, um wesentliche Teile dieses Projekts zu diskutieren. Schließlich danke ich Rolf Fischer, Susanne Kalweit und Dr. Martin Rackwitz für die Aufnahme von Propst Howards Tagebuch in die Sonderveröffentlichungen der Gesellschaft für Kieler Stadtgeschichte.

Christoph Laucht

ZUM GELEIT

Die »Gesellschaft für Kieler Stadtgeschichte« feiert im Jahr 2025 ihr 150jähriges Bestehen! Nicht nur, dass wir einer der ältesten Vereine Kiels sind, wir zählen auch zu den größten stadtgeschichtlichen Gesellschaften in Deutschland. Aus diesem Anlass haben wir ein sehr vielfältiges, durchaus anspruchsvolles, auf jeden Fall aber interessantes Programm für 2025 aufgestellt. Darin wird sowohl die Entwicklung der Geschichtsgesellschaft seit 1875 nachgezeichnet als auch die Brücke zu Fragen unserer gegenwärtigen und zukünftigen Arbeit geschlagen. Die Historie unserer Stadt und die Arbeit der »Gesellschaft für Kieler Stadtgeschichte« stehen dabei in einer sehr engen Beziehung.

Kiels Wiederaufbau nach 1945 bildet eine Zäsur in unserer urbanen Geschichte: In der zerstörten Stadt galt es, nicht nur den sozialen und ökonomischen Neustart zu schaffen, sondern auch die Begründung einer demokratisch geprägten Gesellschaft zu formen. Im Kontext dieser Aufgabe kam der Gründung der »Gesellschaft der Freunde Coventrys« eine hohe Bedeutung zu: zuerst vorsichtige Verständigung, dann freundschaftliche Verbindung - das war der Weg zur ersten deutsch-britischen Städtefreundschaft im Deutschland der Nachkriegszeit. Coventry und Kiel, beide schwer getroffen durch die Kriegsbombardements, suchten Wege der Versöhnung und fanden Pfade in eine gemeinsame Zukunft. Innere und äußere Gegensätze zu überwinden und somit Menschen zu verbinden – damals Grundzüge der demokratischen Motivation vieler. Sie sind es bis heute und bleiben es weiterhin.

Wir danken Prof. Dr. Christoph Laucht von der Swansea University/Wales sehr herzlich für seine Initiative und seine umfassende Arbeit: Das Tagebuch von Propst Howard aus Coventry, geschrieben zu seinem Kiel-Besuch 1947, nun erstmals in Gänze veröffentlicht und ins Deutsche übersetzt, zeigt sich als ein aussagestarkes Dokument für die Verbindung beider Städte und ihrer Menschen nach dem Zweiten Weltkrieg. Diese Geschichte fasziniert. Sie wird damit zu einem prägenden Beitrag im Jubiläumsjahr unserer Gesellschaft. Dr. Martin Rackwitz sei an dieser Stelle für sein umfangreiches begleitendes Engagement ebenfalls gedankt.

Die historische Forschung darf kein Feld sein, um schwierigen Fragen der Gegenwart entfliehen zu können, ein eskapistischer Blick zurück sollte also vermieden werden. Geschichte ist immer akuter Auftrag, unsere Gemeinschaft zu verstehen, mit und aus ihr zu lernen und damit unsere Zukunft zu gestalten. Die »Gesellschaft für Kieler Stadtgeschichte« stellt sich diesem Auftrag seit 150 Jahren.

Rolf Fischer, Vorsitzender

VORWORT

In der Kathedrale von Coventry sprechen wir täglich von Propst Howard. Davon, wie er erstmals unseren Dienst der Versöhnung artikulierte und von seinem Mut sowie seiner Zukunftsvision des Wiederaufbaus selbst inmitten der Kriegsverwüstung.

Da Propst Howard für uns einen Vordenker und Vorreiter darstellt, lässt sich nur allzu leicht über seine Verletzlichkeit, seine tiefgreifende Menschlichkeit oder den Preis, den er für sein persönliches Engagement zahlte, hinwegsehen. Dieses Tagebuch seines Besuchs in Kiel zeichnet ein anderes Bild von Dick Howard als einem Menschen, der *trotz* seiner allgemeinen Zurückhaltung, seiner Selbstzweifel und der Überlastung, die er angesichts der ihm angetragenen Rolle verspürt, kühn und entschlossen handelt. Er begegnet uns mit all seiner Menschlichkeit: seiner Güte, seinem Humor, seinen Enttäuschungen und seinem Auge fürs Detail.

Das Tagebuch lädt uns zum Nachdenken darüber ein, wie solch ein Mensch, wie *jeder* von uns, als Zeuge derartigen Leids, wie es Propst Howard in Kiel erfuhr, inmitten solcher Schrecken bestehen kann. Wie sein Beispiel nahelegt, ist der Schlüssel dazu vielleicht die Fähigkeit, die einfachen Freuden des Alltagslebens zu genießen und an Momenten des Glücks und der Freundschaft festzuhalten. So weiß er einen »[t]raumhaften Nachmittagstee« als Kontrapunkt zur Erzählung über die Ermordung der Eltern seines Übersetzers in der Gaskammer zu schätzen. Das bedeutet keineswegs, dem Leid gleichgültig entgegenzutreten, sondern Wege des Selbstschutzes zu ergründen und sich des Geschenks des Lebens zu entsinnen, das wir versuchen wiederzuerlangen und zu schützen.

Für diejenigen, die sich heutzutage für Versöhnung engagieren, stellt dieses Tagebuch ebenfalls einen wichtigen Grundsatz auf, den Dick

Howard instinktiv verstand: dass Versöhnung mit der Erkenntnis des Istzustands (»what is«) statt des Greifens nach einem möglichen Sollzustand (»what might be«) beginnen kann. Für ihn wurde dieses Prinzip theologisch dort zum Ausdruck gebracht, wo sich die englische und die deutsche Sprache gleichermaßen auf Jesus Christus besinnen. Trotz des Kriegs und seiner schmerzlichen Nachwirkungen sind diese Völker bereits in Christus versöhnt. Für Menschen jeden Glaubens – oder ohne Glauben – bleibt das, was *bereits* geteilt wird, ein wichtiges Prinzip, um Voraussetzungen für Versöhnung zu schaffen: daran zu erinnern und zu betonen, dass es entgegen all dem, was uns zu spalten und in Feindschaft zueinander zu bringen scheint, so viel mehr gibt, das wir teilen.

The Revd Mary Gregory,
Canon for Arts and Reconciliation at Coventry Cathedral

EINLEITUNG

Nur gut zwei Jahre nach dem Ende des Zweiten Weltkriegs brach Richard »Dick« Thomas Howard, der Propst (Provost) der Kathedrale von Coventry, zu einer Reise nach Kiel auf. Gemeinsam mit dem ehemaligen Bürgermeister von Coventry, George Briggs, und dem Gewerkschaftsführer Wilfred Spencer reiste er vom 14. bis 21. September 1947 per Eisenbahn, Schiff und Automobil aus den englischen Midlands an die schleswig-holsteinische Ostseeküste, die zu jener Zeit innerhalb der britischen Besatzungszone lag. Der Besuch erfolgte auf Einladung der Gesellschaft der Freunde Coventrys, einer Freiwilligenorganisation um den Kieler Oberbürgermeister Andreas Gayk. Howards Reise markierte nicht nur einen wichtigen Schritt beim Aufbau von Kontakten zwischen Coventry und Kiel, sondern trug zur Wiederbelebung der britisch-deutschen Beziehungen nach dem Krieg bei.

Propst Howards Tagebuch, das er während seines Besuchs führte und das hier erstmals in vollem Umfang und in deutscher Übersetzung veröffentlicht wird, eröffnet einen einzigartigen Blick auf die Geschichte Kiels, Schleswig-Holsteins und der britischen Besatzungszone sowie das Wirken von Kirchen und Freiwilligenorganisationen bei der britisch-deutschen Versöhnung nach 1945.[1] Aus dem Blickwinkel eines Außenstehenden beleuchtet es zentrale Themen sowie historische Akteurinnen und Akteure – Führungspersönlichkeiten aus Politik, Wirtschaft und Kultur wie auch die breitere Bevölkerung gleichermaßen – in der britischen Besatzungszone vor der Gründung der Bundesrepublik Deutschland 1949. Howard wurde 1884 geboren,

1 Richard Thomas Howard, »Notes on Visit to Kiel Sept 14–21, 1947«, o.D., CCA, PA2506/25/2/11. Bisher wurden lediglich kurze Auszüge aus dem Tagebuch zitiert: Gröpler, Engel, S. 27; Schuegraf, Cross, S. 26–28.

studierte Theologie am Jesus College der Universität Cambridge und wurde 1908 zur Priesterschaft ordiniert. Nach seiner Tätigkeit als anglikanischer Missionar in Indien sowie Stationen in Birkenhead und Luton wurde er 1933 zum Propst der Kathedrale von Coventry berufen, wo er bis 1958 verblieb.

Aufgrund Howards Werdegang und Führungsposition innerhalb der Anglikanischen Kirche leiteten die christlichen Prinzipien der Vergebung und Versöhnung viele seiner Beobachtungen und Reflexionen in den Aufzeichnungen seines Besuchs in Kiel. Bereits seine unmittelbare Reaktion auf den deutschen Luftangriff auf Coventry am 14. November 1940 (Codename: Operation Mondscheinsonate), den er aus erster Hand erlebte und der mehrere hundert Menschen tötete oder verletzte sowie die Domkirche zerstörte, beruhte auf diesen Werten.[2] Wenige Wochen nach dem Bombenangriff übertrug die British Broadcasting Corporation (BBC) eine Weihnachtsbotschaft Howards der Versöhnung und Vergebung weltweit über ihren Empire Service.[3] Fortan wurde die Kathedrale von Coventry zu einem Symbol der Hoffnung, Vergebung, Versöhnung und des Wiederaufbaus.[4] Die Stadt Coventry entwickelte sich zu einem europäischen Zentrum des Gedenkens und der Erinnerung an den Krieg.[5]

Auf Kieler Seite teilte die Gesellschaft der Freunde Coventrys, die häufig in Howards Tagebuch in abgekürzter Form als »F.C.K.« Erwähnung findet, eine ähnliche, wenngleich auch weltliche Sichtweise von Aussöhnung. Für Howards Besuch und die Schaffung von Kontakten zwischen Kiel und Coventry war die Freiwilligenorganisation elementar.[6] Ihre Gründung wiederum ging auf den direkten Kontakt zwischen Andreas Gayk und Repräsentantinnen und Repräsentanten

---

2 Schuegraf, Cross, S. 9. Howard beschreibt die Zerstörung der Kathedrale von Coventry in: Howard, Story. Später erschien diese Beschreibung in gekürzter Fassung in: Howard, Ruined. Zur Operation Mondscheinsonate: Lambourne, War, S. 99; Kurki, Operation; Taylor, Coventry.

3 Howard, Ruined, S. 45.

4 Die Kathedrale von Coventry wurde neu erbaut und 1962 geweiht. Spence, Phoenix.

5 Goebel, Cosmopolis, S. 163.

6 Zur Rolle der Gesellschaft der Freunde Coventrys und dem Hintergrund zu Howards Besuch: Laucht und Allbeson, Internationalism. Zu den Beziehungen zwischen Kiel und Coventry und dem breiteren Kontext von Kiels Städtepartnerschaften: Erlenbusch, Städtepartnerschaften.

der britischen Militärregierung zurück, die offiziell unter der Bezeichnung Kontrollkommission für Deutschland (Britisches Element) bzw. Control Commission for Germany (British Element) – kurz CCG(BE) – firmierte. So war es der aus Coventry stammende und für Bauvorhaben in Kiel zuständige Offizier Gwillym Williams, der Gayk zu ersten Schritten hin zur Gründung der Gruppe animierte. Was den Oberbürgermeister zutiefst bewegte, war die selbstlose und pragmatische Art und Weise, mit der Williams trotz der fürchterlichen Zerstörung seiner Heimatstadt durch die Luftwaffe versuchte, die Not der vom Krieg gezeichneten Kieler Bevölkerung zu lindern. Daraufhin schlug Gayk im Januar 1947 in seinem »Gruß an Coventry« das Schmieden engerer Kontakte zwischen beiden Städten vor, was Pläne zur Gründung der Gesellschaft der Freunde Coventrys einschloss. Programmatisch fußte die angestrebte Verbindung beider Städte auf ihrer gemeinsamen Erfahrung des Bombenkriegs. »Wenn wir in Zukunft von ›coventrieren‹ sprechen, dann sollte damit gemeint sein die Pflege freundschaftlicher Beziehungen von Land zu Land«, betonte Gayk daher in seinem Grußwort. Seine semantische Umkehrung der Bedeutung des Verbs »coventrieren« wurde eines der zentralen Ziele der Gesellschaft der Freunde Coventrys. Hatte es die nationalsozialistische Propaganda einst in Folge der Operation Mondscheinsonate ersonnen, um die Zerstörung von Städten und den internationalen Beziehungen zu glorifizieren, sollte das Verb »coventrieren« zukünftig für den Aufbau konstruktiver Bande zwischen Städten und Nationen über Grenzen hinweg stehen.[7] Williams überbrachte dann Briggs, der zu jener Zeit Bürgermeister von Coventry war, den »Gruß an Coventry«. Briggs unterstützte Gayks Vorschläge und rief eine Vereinigung der Freunde Kiels (Association of Friends of Kiel) in Coventry ins Leben.[8] Schlussendlich wurde die Gesellschaft der

---

7 Andreas Gayk, Der Gruß an Coventry/Message to Coventry. In: Mitteilungen der Gesellschaft der Freunde Coventrys/Journal of the Society of Friends of Coventry 1 (1.5.1947), S. 8, StaK, 7543. Zur Genese des Verbs »coventrieren«: Klemperer, LTI, S. 145–147.

8 Briggs an Gayk, 18.1.1947, StaK, 33672; Kuchel an Briggs, 20.1.1947; Briggs an Kuchel, 26.2.1947, StaK, 52909. G. Briggs, Der Gruß aus Coventry/Message from Coventry, In: Mitteilungen der Gesellschaft der Freunde Coventrys/Journal of the Society of Friends of Coventry 1 (1.5.1947), S. 9, StaK, 7543.

Freunde Coventrys im April 1947 mit Gayk als ihrem Vorsitzenden gegründet.[9]

Da die Kieler Septemberwoche 1947 der Gesellschaft als zentrales Forum zur Förderung der internationalen Verständigung und Freundschaft diente, bildete sie den unmittelbaren Rahmen für Howards Kiel-Besuch.[10] Dabei handelte es sich um die erste öffentlich ausgerichtete Kieler Woche nach dem Ende des Zweiten Weltkriegs.[11] Viele der Veranstaltungen, die Howard in seinem Tagebuch beschreibt, waren Teil ihres offiziellen Programms. Vom 15. bis 20. September 1947 fand die Septemberwoche unter dem Motto »Kiel im Aufbau« statt und trieb so das Engagement der Gesellschaft der Freunde Coventrys für den materiellen und psychologischen Wiederaufbau Kiels und seiner Beziehungen zu Coventry voran. Jeder Tag war einem bestimmten Thema im Hinblick auf Aussöhnung und Wiederaufbau gewidmet: »Gedenken« (Montag), »Gemeinschaft« (Dienstag), »Frieden« (Mittwoch), »Jugend und Zukunft« (Donnerstag), »Frauen und Frieden« (Freitag) und »Freude« (Samstag).[12]

Da Howard Kiel auf Einladung der Gesellschaft der Freunde Coventrys besuchte, erscheint es nur folgerichtig, dass er gemeinsam mit Briggs und Spencer eine »Tagung der Gesellschaft der Freunde Coventrys« besuchte und häufig mit führenden Köpfen der Gruppe wie Andreas Gayk und Willi Koch, die zugleich zur politischen und wirtschaftlichen Führungsriege Kiels zählten, verkehrte. Oberbürger-

9 F. Wendel, Konstituierende Versammlung der Gesellschaft der Freunde Coventrys, 20.3.1947, StaK, 33672; »Gesellschaft der Freunde Coventrys«. Feierlicher Gründungsakt im Kieler Gewerkschaftshaus. In: Kieler Nachrichten, 3.4.1947, StaK, 52909; Konstituierende Versammlung der Gesellschaft der Freunde Coventrys, o.D., StaK, 7543; Die Satzungen der Gesellschaft der Freunde Coventrys/Statutes of the Society of Friends of Coventry. In: Mitteilungen der Gesellschaft der Freunde Coventrys/Journal of the Society of Friends of Coventry 2 (15.10.1947), S. 6–7, StaK, 7543.

10 Satzungen, S. 6.

11 Seit ihrer Erstausrichtung im Jahr 1882 setzt sich das Programm der Kieler Woche aus internationalen Segelregatten und kulturellen Veranstaltungen zusammen. Zwischen 1945 und 1947 führte die CCG(BE) die Kieler Woche lediglich als Segelveranstaltung unter Ausschluss der Öffentlichkeit durch. Im September 1947 fand die erste öffentliche Kieler Woche nach dem Krieg statt, die jedoch nur aus dem kulturellen Teil bestand. Danker, Kieler Woche, S. 116–117, 125–127.

12 Presseamt der Stadt Kiel, Programmheft Septemberwoche Kiel im Aufbau/Programme of the September Week »Rebuilding Kiel« (Kiel: Presseamt der Stadt Kiel, 1947), S. 13, 15, 17, 19, 21, 23, StaK, 48777. Eine genaue Analyse der Kieler Septemberwoche 1947 findet sich bei: Danker, Kieler Woche, S. 125–136.

Septemberwoche 1947 – Kiel im Aufbau. Der Bürgermeister von Coventry George Briggs (l.v.l.) und Oberbürgermeister Andreas Gayk (3.v.l.). September 1947.
Foto: Gerhard Garms (1917–2001, Nordmark-Film). Landesarchiv Schleswig-Holstein, Abt. 2003.2 Nr. 01699.

meister Gayk war eine Persönlichkeit innerhalb der Sozialdemokratischen Partei Deutschlands (SPD) sowohl auf kommunaler als auch Landesebene sowie ein persönlicher Freund des SPD-Vorsitzenden Kurt Schumacher.[13] Gayks Vorgänger als Oberbürgermeister, Koch, war Mitglied der Christlich Demokratischen Union und Herausgeber der »Kieler Nachrichten«. Auf offiziellen Anlässen traf Howard weitere Führungskräfte aus Politik, Kultur und Wirtschaft. Sein Tagebuch erwähnt sogar ein Treffen mit dem schleswig-holsteinischen Ministerpräsidenten Hermann Lüdemann (SPD).[14]

---

13 Zu Gayk: Jensen und Rickers (Hg.), Andreas Gayk; Martens, Rolle, S. 241–276.
14 Zu Lüdemann: Fischer, Lüdemann; Erdmann, Großbritannien, S. 215–244.

Neben der Gesellschaft der Freunde Coventrys war die Stadt Kiel stark in die Feierlichkeiten rund um den Besuch der Gäste aus Coventry eingebunden. In seinem Tagebuch notiert Howard, wie er, Briggs und Spencer einer Sondersitzung der Ratsversammlung beiwohnten, auf der u.a. Gayk und Briggs Reden zu den Themen Völkerverständigung und Aussöhnung hielten.[15] Die in deutscher und englischer Sprache erscheinenden »Mitteilungen der Gesellschaft der Freunde Coventrys« (englischer Titel: »Journal of the Society of Friends of Coventry«) befanden die Sitzung offenkundig für so bedeutend, dass sie ihr später eine Coverstory mit dem Titel »Zwei Städte – ein Geist humanitärer Freundschaft!« widmeten.[16] Howard besuchte aber auch die Eröffnung der Ausstellung »Zerstörung, Aufräumung, Aufbau« im Rathaus.[17] So würdigt er in seinem Tagebuch insbesondere die Einbeziehung von Fotografien der St. Nikolaikirche[18] und der Domkirche zu Coventry in die Ausstellung.

Vor dem Hintergrund der im September 1947 fortdauernden britischen Besatzung Kiels erwähnt Howard zudem zahlreiche Begegnungen mit Vertreterinnen und Vertretern der CCG(BE). Neben Air Vice Marshal Sir Hugh Vivian Champion de Crespigny, dem Gouverneur von Schleswig-Holstein (Regional Commissioner for Schleswig-Holstein), traf er u.a. Group Captain Thompson, den lokalen Repräsentanten der britischen Militärregierung (Kreis Resident Officer for Kiel), sowie Captain Donald Cowie, den militärischen Kommandeur der Stadt Kiel. Ferner begegnete Howard Reverend Trewin, dem Religious Affairs Officer der CCG(BE).[19] Oder er besuchte einen Ableger der »Brücke«-Kulturzentren, die die britische

15 Niederschrift der Sitzung der Ratsversammlung am 16.9.1947, StaK, P II/64/19470916/i.

16 Zwei Städte – ein Geist humanitärer Freundschaft!/Two cities – One spirit of humanitarian friendship! In: Mitteilungen der Gesellschaft der Freunde Coventrys/Journal of the Society of Friends of Coventry 2 (15.10.1947), S. 1, StaK, 7543.

17 Zur Ausstellung: Bilder von der Septemberwoche »Kiel im Aufbau«/Pictures: September Week »Kiel Rebuilding«. In: Mitteilungen der Gesellschaft der Freunde Coventrys/Journal of the Society of Friends of Coventry 2 (15.10.1947), S. 16, StaK, 7543.

18 Zur Geschichte der St. Nikolaikirche: Hasselmann, Kirche.

19 Zu Geschichte und Funktion des Religious Affairs Branch der CCG(BE): Howson, Britain.

Militärregierung in ihrer Besatzungszone zur Förderung britischer Kultur und Werte unterhielt.[20]

Das Tagebuch offenbart jedoch auch, dass Vertreterinnen und Vertreter der Militärregierung Unterstützung bei der Gruppe aus Coventry in ihrem Unterfangen suchten, der britischen Besatzung ein umfassenderes, »moralisches Mandat« zu geben und so Kritik daheim im Vereinigten Königreich zu entschärfen. Zeitungsberichte über mutmaßliche Korruptionsfälle innerhalb der britischen Besatzungstruppen, die schlechte Bewältigung der sich durch den Zustrom Geflüchteter aus den ehemaligen deutschen Gebieten im Osten in die britische Besatzungszone zuspitzenden Flüchtlingskrise und lokale Proteste gegen alliierte Bestimmungen zur Demontage und Demilitarisierung von Betrieben hatten der CCG(BE) schlechte Publicity beschert.[21] Daher trafen sich nun Vertreterinnen und Vertreter der britischen Militärregierung mit Howard, Briggs und Spencer, um über Wege zu beraten, wie die drei Männer dabei behilflich sein könnten, das Ansehen der CCG(BE) etwa durch Gespräche mit der BBC oder Lokalpresse in Coventry zu verbessern.

Während seines Besuchs in Kiel erlebte Howard viele dieser Herausforderungen, mit denen sich die britischen Besatzungstruppen konfrontiert sahen, aus erster Hand. Bereits auf dem letzten Abschnitt seiner Reise nach Kiel erfuhr er vom dort weitverbreiteten öffentlichen Widerstand gegen alliierte Regularien zur Deindustrialisierung und Demilitarisierung gemäß dem Potsdamer Abkommen, die die wirtschaftliche Grundlage Kiels bedrohten. Nur Tage vor seiner Ankunft in Kiel war die Lage im Zuge der geplanten Demontage der Holsteinischen Maschinenbau AG (HOLMAG) eskaliert. Die HOLMAG war ein Zusammenschluss mehrerer Betriebe der ehemaligen Deutschen Werke AG und produzierte Dieselmotoren und Lokomotiven. Als die Belegschaft ein Ultimatum der britischen Militärregierung zur teilweisen Demontage der HOLMAG verstreichen ließ, ordnete der

20 Zunächst firmierten »Die Brücke« Institute unter dem Namen britische Informationszentren. Jürgensen und Garms, Briten, S. 149; Prawitt, Kulturleben, S. 102–103.

21 Graham-Dixon, »moral mandate«, S. 193. Zu den Skandalen: Cowling, Germans, S. 227–230. Da Howard fortlaufend den Begriff »Flüchtling« benutzt und es ohnehin bis zur Einführung des Bundesvertriebenengesetzes 1953 keine offizielle Unterscheidung zwischen »Flüchtlingen«, »Vertriebenen« etc. gab, wird hier wie auch in der Quellenedition der Terminus »Flüchtling« benutzt. Connor, Refugees, S. 20–23.

Regional Commissioner de Crespigny kurzerhand die Besetzung des HOLMAG Werks durch 100 britische Soldaten und 120 deutsche Polizisten sowie die Aussperrung der Arbeitskräfte für den 9. und 10. September 1947 an.[22] In seinem Tagebuch berichtet Howard, dass diese Proteste fast zur Absage seiner Reise nach Kiel geführt hätten und dass Gayk, der Demonstrationen gegen alliierte Demontagemaßnahmen generell unterstützte, sich der ständigen Androhung der Festnahme ausgesetzt sah.[23]

Auf ähnliche Art und Weise erlebte Howard bei Besuchen von Flüchtlingslagern in Kiel hautnah die logistischen Herausforderungen, die die Flüchtlingskrise für die britische Militärregierung darstellte.[24] Was den Zustrom von Flüchtlingen aus den ehemaligen deutschen Gebieten im Osten anbelangte, war Schleswig-Holstein das am schlimmsten betroffene aller Länder in den drei westlichen Besatzungszonen. In Folge der zugewanderten Flüchtlinge wuchs die Bevölkerung Schleswig-Holsteins um rund 73,1 %.[25] Howard kommentiert die dürftigen Lebensbedingungen der Flüchtlinge in den überfüllten Nissenhütten oder die hohe Zahl an Tuberkulosefällen unter Kindern. Allerdings muss einschränkend angemerkt werden, dass die Lage der Flüchtlinge in Kiel wesentlich entspannter als in anderen Teilen Schleswig-Holsteins war. Während Flüchtlinge im Jahr 1948 um die 42 % der Gesamtbevölkerung Schleswig-Holsteins ausmachten, stellten sie gerade einmal gut 14,3 % der Kieler Bevölkerung (34632 Personen).[26] Das heißt selbstverständlich nicht, dass die Flüchtlinge in Kiel nicht Not litten, wie es Howard ja eindringlich in seinen Aufzeichnungen beschreibt.

In seiner Funktion als anglikanischer Geistlicher hielt Howard während seines Besuchs zahlreiche Treffen mit Mitgliedern des Kieler Klerus ab. Abgesehen von Pastor Hermann Hermes, einem katholischen Pfarrer und Pastor primarius in der Kieler St. Nikolaus-

22 Grieser, Reichsbesitz, S. 99.

23 Später unterstützte Gayk ebenso Proteste von Arbeitern gegen die Demontage von Werften und anderen Industrieanlagen auf Kiels Ostufer. Siehe auch die Berichterstattung in der britischen Presse dazu: Protests in Kiel. In: The Times (8.12.1948), S. 4.

24 Graham-Dixon, Occupation, S. 126–172.

25 Kossert, Heimat, S. 33.

26 Grieser, Wiederaufstieg, S. 402.

Gemeinde, kam er in der Regel mit protestantischen Geistlichen zusammen. Darunter befanden sich der Bischof von Holstein, Wilhelm Halfmann, und der Propst von Kiel, Johannes Lorentzen, der zugleich das Pastorat an der St. Nikolaikirche innehatte und zu dem und dessen Familie Howard während seines Besuchs ein freundschaftliches Verhältnis aufbaute.[27] Des Weiteren fanden Pastor Fritz Haupt von der Kieler St. Jürgen-Gemeinde und Pastor Adolph Plath von der Vicelin-Gemeinde sowie Pastor Karl Heinrich Kobold aus der nahegelegenen Gemeinde Preetz in Howards Tagebuch Erwähnung. Er freundete sich ferner mit dem Theologen Heinrich Rendtorff an, der Professor für Praktische Theologie und Dekan der Theologischen Fakultät der Christian-Albrechts-Universität zu Kiel war.[28]

Mit einer Geste, die in der Folge zu einer, eventuell sogar *der* bedeutendsten des Besuchs in Kiel stilisiert wurde, schenkte Propst Howard Propst Lorentzen anlässlich eines Treffens mit Vertretern des Kieler Klerus ein »Nagelkreuz von Coventry«. Es bestand aus drei Nägeln des mittelalterlichen Dachstuhls der zerstörten Domkirche zu Coventry und war das erste »Nagelkreuz von Coventry«, das einer deutschen Kirche überreicht wurde.[29] Bis zum heutigen Tag wird das Nagelkreuz in der St. Nikolaikirche ausgestellt. Im Gegenzug übergab Lorentzen Howard einen Stein aus den Ruinen der St. Nikolaikirche (heute bekannt als »Kieler Stein« bzw. »Kiel Stone«).[30]

Eng verbunden mit solchen christlichen Praktiken der Aussöhnung und Vergebung war das Gedenken an die Kriegstoten, das ein weiteres zentrales Motiv während Howards Besuch darstellte. Als Teil des offiziellen Programms der Kieler Septemberwoche 1947 nahm er an

---

27 Margarete Lorentzen, Propst Lorentzens Ehefrau, schickte Howard die Sterbeanzeige ihres Mannes nach dessen Tod im Juni 1949, zusammen mit einer Notiz, die die Botschaft der Versöhnung zwischen Kiel und Coventry betonte. Margarete Lorentzen an Richard T. Howard, [ca. 5.6.1949], CCA, PA2506/25/2/11.

28 Die beiden Männer blieben nach Howards Besuch in Kiel 1947 in Kontakt. Siehe beispielsweise: Rendtorff an Howard, 15.9.1948, CCA, PA2506/28/2/11.

29 Im Jahr 1948 erhielt Heinrich Rendtorff, der zu jener Zeit Rektor der Christian-Albrechts-Universität zu Kiel war, ein weiteres »Nagelkreuz von Coventry«. Gröpler, Engel, S. 83, 87.

30 Coventry Cathedral, The Nations and Peace. The Kweilin Marble, the Ebony Crucifix and the Kiel Stone, Coventry Cathedral Pamphlets No. 3 (Coventry: Coventry Cathedral, n.d.), S. 6–8, MS 2329/ENG/9/9/6/154–169. © Sir Basil Spence Archive. Courtesy of Historic Environment Scotland.

Gedenkfeiern für die Toten des Kriegs im Rathaus und bei den britischen Commonwealth-Kriegsgräbern auf dem Nordfriedhof teil.[31] In persönlichen Gesprächen erfuhr er obendrein von dem unglaublichen Leid, das der Zweite Weltkrieg und das nationalsozialistische Regime den Menschen in Kiel zugefügt hatten. In Howards Tagebuch dringen solche leidvollen Erfahrungen beispielsweise in Passagen durch, in denen er von seinen Treffen mit Professor Rendtorff, dessen einer Sohn zunächst in einem Konzentrationslager inhaftiert war und später an der Ostfront fiel, oder mit Propst Lorentzen berichtet (»Ein Sohn und zwei Schwiegersöhne kamen im Krieg ums Leben.«).

Gleichzeitig sah sich Howard mit einem weiteren Kriegserbe konfrontiert – den ethisch-moralischen Fragen nach der Kriegsschuld und der Vergangenheitsbewältigung. Der Abschnitt »Die deutsche Sichtweise« am Ende des Tagebuchs vermittelt einen Eindruck von den schwierigen Fragen, mit denen er sich, wie viele Britinnen und Briten auch, auseinandersetzen musste und der Ambivalenz, die ihn dabei überkam. Einerseits bringt er seine Verwunderung über das fehlende Einfühlungsvermögen vieler Kielerinnen und Kieler für das Schicksal Coventrys und anderer zerstörter britischer und europäischer Städte (»Ah, aber nicht so schlimm wie Kiel«) oder Reue (»Es scheint keine ›Kriegsschuld‹ zu geben«) zum Ausdruck. Andererseits denkt Howard über die unbequeme Frage nach, ob die britische Bevölkerung nicht hätte mehr tun können und sollen, um das Erstarken der nationalsozialistischen Diktatur in Deutschland und Europa zu verhindern.

Angehörige der britischen Besatzungsmacht legten oftmals einen ähnlichen Grad an Ambivalenz gegenüber den Deutschen und deren Verwicklungen mit der nationalsozialistischen Diktatur an den Tag.[32] Einige der Offiziere, die Howard in der Offiziersmesse kennenlernte, hegten zutiefst anti-deutsche Empfindungen. Andere wiederum wie Captain Cowie waren zwiegespaltener in ihrer Sichtweise. »Für die Deutschen im Allgemeinen und ihre schwache Gesinnung hat er jedoch wenig übrig«, attestiert Howard Cowie. Dessen ungeachtet hatte Cowie eine deutsche Freundin und war Ehrenmitglied im Fuß-

31 Zu den britischen Commonwealth-Kriegsgräbern auf dem Nordfriedhof: Dopheide, Gedenkstätten, S. 155–157.

32 Knowles, Peace, S. 31–44, 161–177.

ballclub Holstein Kiel, wie andere Darstellungen belegen.[33] Zeitgenössische Meinungsumfragen zeichnen ein ähnliches Bild. Im Januar 1947 gaben 42 % der befragten Britinnen und Briten in einer Umfrage des Gallup Instituts an, sie seien »der deutschen Bevölkerung insgesamt« »wohlwollend« geneigt (gegenüber 36 % »abweisend« und 22 % »unentschlossen«). Dennoch glaubten 43 % der Befragten, dass sie es für wahrscheinlicher hielten, dass sich Deutschland zu »einem Aggressor« als »einer friedliebenden, demokratischen Nation« entwickeln würde. 23 % teilten diese Einschätzung nicht, und 34 % konnten sich keine Meinung bilden.[34]

Obwohl es Howard damals aller Wahrscheinlichkeit nach verborgen blieb, hatten viele Mitglieder des Kieler Klerus, die er traf, ein unheilvolles Verhältnis zum Nationalsozialismus. Pastor Plath hatte die nationalsozialistische Diktatur sowohl politisch als auch innerhalb der Evangelischen Kirche aktiv unterstützt. Pastor Haupt und Propst Lorentzen hatten sich mit dem NS-Regime solidarisiert. 1936 hatte Bischof Halfmann das antisemitische Pamphlet »Die Kirche und der Jude« veröffentlicht, während andere Kleriker wie Karl Kobold zwar teilweise konformistisch agiert hatten, jedoch auch selbst zum Opfer politischer Repressalien geworden waren.[35] 1933 war Heinrich Rendtorff anfänglich in die NSDAP eingetreten. Seine Mitgliedschaft war jedoch bald aufgehoben und er unter politischen Druck gesetzt worden.[36]

Während die Verstrickung von Klerikern mit dem Nationalsozialismus für einen Außenstehenden wie Howard nicht so offenkundig war, bildeten die Narben, die der Krieg in Kiels Stadtlandschaft hinterlassen hatte, eine scheinbar allgegenwärtige Kulisse für seinen Besuch. In seinen »Allgemeinen Bemerkungen« am Ende des Tagebuchs kommentiert Howard den bloßen Grad der Zerstörung von Kiel (»Die Stadt ist fürchterlich verwüstet – wie ein in alle Richtungen ausgedehntes Stadtzentrum von Coventry«). Solch eine Feststellung beruhte auf der Tatsache, dass die Alliierten Kiel während des Zweiten

33 Jürgensen und Garms, Briten, S. 85; Dopheide, Kiel, S. 115.

34 Gallup, Polls, Bd. 1, S. 148.

35 Hertz, Kirchen, Bd. 1, S. 16, 236–241, 245, 332, 339. Diese Ambivalenz wirkte sich auch auf die Rolle deutscher Kirchen als moralische Vorbilder in der unmittelbaren Nachkriegszeit aus. Trentmann, Darkness, S. 107–112.

36 Linck, Anfänge, Bd. 2, S. 450.

Weltkriegs fortwährend bombardiert und rund 78 % der Stadt zerstört hatten.[37] Dass die Alliierten eine Gesamtlast von 30.000 Tonnen auf die Fördestadt abwarfen, machte Kiel zur am sechststärksten bombardierten deutschen Stadt hinter Berlin (68.000 Tonnen), Köln (48.000), Hamburg (38.000), Essen (37.000) und Duisburg (31.000).[38] »Die Verwüstung lässt den Stadtraum merkwürdig weit und offen erscheinen«, fasste Howard seine Eindrücke von der Wirkung des Bombenkriegs auf Kiel eindrucksvoll zusammen.

Neben der physischen Zerstörung legt das persönliche Tagebuch Zeugnis von den schwerwiegenden sozioökonomischen Folgen der alliierten Luftangriffe ab. Über die Hälfte der Kieler Bevölkerung war obdachlos geworden (ca. 160.000), und jeder zweite Arbeitsplatz war vernichtet.[39] Der allgemeine Mangel an Nahrungsmitteln und anderen Gütern verschärfte die Lage zusätzlich. Howard besuchte Kiel in den »Hungerjahren«, als die täglichen Nahrungsmittelzuteilungen gelegentlich auf unter 1.000 Kalorien für Erwachsene fielen.[40] Obwohl die Kielerinnen und Kieler »ihre ungenügenden Rationen mit etwas zusätzlicher Nahrung aufbessern« können, merkt er an, dass »die Menschen [im Allgemeinen] mutlos und ernst und düster« wirken. Zudem berichtet Howard: »Die Geschäfte sind rar und scheinen schlecht sortiert zu sein«. Aufgrund der Tatsache, dass Schleswig-Holstein besonders stark unter dieser Verknappung litt, verwundert diese Beobachtung wenig.[41]

Allerdings boten Howard das wieder auflebende Kieler Kulturleben und Exkursionen inmitten all dieser Entbehrungen eine willkommene Abwechslung (»Froh, dass ich zeitweise der Zerstörung entkam«). Gemeinsam mit Briggs und Spencer besuchte Howard eine Inszenierung von Ludwig van Beethovens Oper »Fidelio« (»Prächtiger Gesang – kunstvolle und interessante Inszenierung«) im Neuen Theater (heute: Schauspielhaus). Das Trio nahm sogar zweimal am gleichen Konzert des Kieler Stadtorchesters mit Werken von Johannes Brahms, Paul Hindemith und Ludwig van Beethoven im Gewerk-

37 Schleswig-Holstein, S. 3.
38 Dallmann und Jensen, Einleitung, S. 15.
39 Dallmann und Jensen, Einleitung, S. 15.
40 Stüber, Hungerjahre, S. 205–238.
41 Graham-Dixon, Occupation, S. 126–172.

schaftshaus teil. Howard war aber ebenso bei einem Abendessen mit britischen Militärangehörigen und auf einer Party beim ehemaligen Oberbürgermeister Willi Koch zugegen. Zusammen mit den anderen Besuchern aus Coventry begab er sich ferner auf eine Hafenrundfahrt an Bord eines Dampfers (»ein wunderschöner Hafen«) oder reiste mit dem Auto zur Holsteiner Seenplatte um Malente herum in der Holsteinischen Schweiz.

Anhand dieser und weiterer Beispiele lässt sich der besondere Wert des Tagebuchs als »Egodokument« ablesen, das persönliche Einsichten in zentrale Themen offenbart, die Zeitgenossen in der unmittelbaren Nachkriegszeit bewegten.[42] Wegen seines Werdegangs und seiner Position in der Anglikanischen Kirche gab Howard offenbar Treffen mit Kieler Klerikern Vorrang und betrachtete Fragen nach der Kriegsschuld auf der Grundlage von moralischen Prinzipien und ethischen Werten. Ebenso rückte er humanitäre Belange wie das Leid der Flüchtlinge oder die Unterernährung der Kieler Bevölkerung in den Vordergrund und schenkte der Funktion von Kirchen und Freiwilligenorganisationen wie der Gesellschaft der Freunde Coventrys und der Association of Friends of Kiel in ihrem Wirken für die britisch-deutsche Versöhnung Aufmerksamkeit. Demgegenüber erwähnt er abstraktere und scheinbar weniger greifbare Angelegenheiten wie die politische Großwetterlage, insbesondere den Kalten Krieg oder die britische Deutschlandpolitik nur beiläufig in seinen Aufzeichnungen.[43]

Durchweg wirkt Howard als bescheidener, demütiger, rationaler und analytischer, jedoch nicht emotional distanzierter Beobachter. Sein guter Sinn für Humor verstärkt diesen Eindruck noch, indem er weltliche Dinge des Alltagslebens wie seine »erste Erfahrung mit dem Rechtsverkehr und dem permanenten Gefühl eines Frontalzusammenstoßes« beschreibt, Captain Cowies äußeres Erscheinungsbild mit dem eines »Profiboxers« vergleicht oder mit dem Zitat »Meine Herren, bitte lächeln, Sie werden fotografiert« auf den starken Fokus auf Öffentlichkeitsarbeit während seines Besuchs anspielt. Ferner bezieht sich Howard an verschiedenen Stellen auf nahezu seine gesamte Familie. Mit Ausnahme seiner jüngsten Tochter Rachel, erwähnt er seine

---

42 Fulbrook und Rublack, Relation, S. 263–272.

43 Zur britischen Außenpolitik: Deighton, Peace.

anderen vier Kinder (Richard, Marjorie, Anson und Ruth) sowie seine Ehefrau Ethel Marjorie Howard (geborene Corfield).

Die Tatsache, dass Howard sein Tagebuch rückblickend auf der Heimreise von Kiel nach Coventry verfasste (»Während ich dies am 21. Sept[ember] im Zug schreibe«), wie er an diversen Stellen im Text angibt, wirkt sich in mehrfacher Hinsicht auf seinen Wert als historisches Dokument aus. So ermöglichte das rückblickende Führen des Tagebuchs Howard, Reflexionen über andauernde Vorgänge wie die angespannte politische Lage um die geplante HOLMAG-Demontage anzustrengen. Gleichzeitig könnte dieses Vorgehen aber auch zu Verzerrungen oder gar Auslassungen geführt haben, die sich nachteilig auf die Genauigkeit und Verlässlichkeit des Dokuments auswirken können. Dadurch lässt sich eventuell die Nichterwähnung der Verleihung von Ehrenmitgliedschaften an Howard, Briggs und Spencer anlässlich der »Tagung der Gesellschaft der Freunde Coventrys«, der Howard beiwohnte, erklären.[44] Seltsamerweise scheint Howard, zumindest laut seinen Aufzeichnungen, auch nicht an einem Vortrag von Lord Pakenham, dem Chancellor of the Duchy of Lancaster und Minister für Deutschland und Österreich, zum Thema »Christentum und Politik« an der Christian-Albrechts-Universität am 19. September 1947 teilgenommen zu haben.[45] In diesem Fall bleibt jedoch offen, ob Howards tatsächliches Fernbleiben von dieser Veranstaltung aufgrund anderer Verpflichtungen oder aber das retrospektive Führen des Tagebuchs der Grund für diese Auslassung ist.

Abschließend müssen an dieser Stelle ein paar kurze redaktionelle Anmerkungen zur vorliegenden Ausgabe von Howards handschriftlichem Tagebuch gemacht werden. In dieser Edition wurden die Seitenzahlen gemäß Howards Kommentaren und Querverweisen im Originaltext entsprechend angepasst. So wurden zuvor separat aufgezeichnete Einträge hier in einem Abschnitt oder Eintrag zusammengeführt. Redaktionelle Änderungen wurden dabei in Fußnoten dokumentiert. Leider war es nicht in jedem Fall möglich, die Identitäten

44 Zu Ehrenmitgliedern der Gesellschaft der Freunde Coventrys/The Honorary Membership of the Society of Friends of Coventry. In: Mitteilungen der Gesellschaft der Freunde Coventrys/Journal of the Society of Friends of Coventry 2 (15.10.1947), S. 12, StaK, 7543.

45 Graham-Dixon, »moral mandate«, S. 205.

von im Tagebuch erwähnten Personen zu klären. Generell hat der Herausgeber versucht, den Stil des Originaltexts weitestgehend beizubehalten, auch in der deutschen Übersetzung. Die Entscheidung, dieses Buchprojekt zweisprachig auf Englisch und Deutsch zu realisieren, erfolgte im Geiste Andreas Gayks und dessen Idee der »Völkerverständigung von Stadt zu Stadt«.[46] Offenkundig war auch Propst Richard Howard diesem Gedanken zugewandt.

46 Andreas Gayk, Die Gesellschaft der Freunde Coventrys: Völkerverständigung von Stadt zu Stadt. Der Informationsbrief, Teil A – Abschnitt I. Thema 5: Städte und Kreise, Beitrag 3 vom 2.5.1947, StaK, 33672.

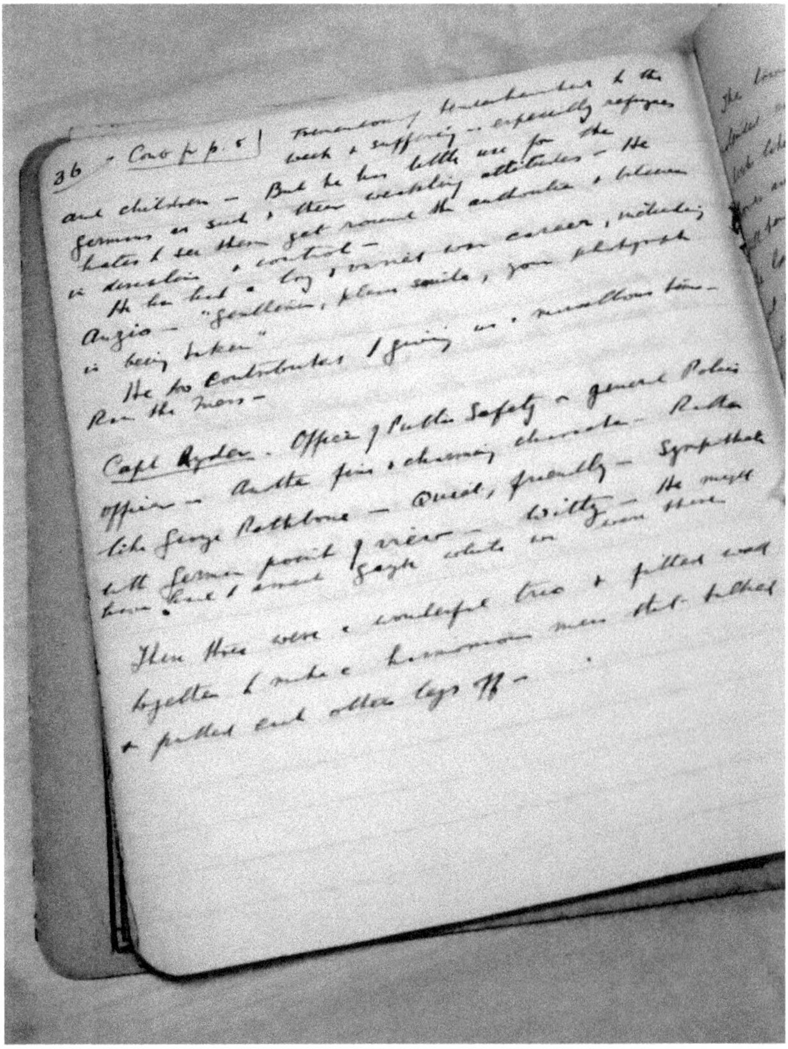

Provost Richard Howards Tagebuch.
Foto: Sarah Scouller. Coventry Cathedral Archives, PA2506/25/2/11.

DAS TAGEBUCH

P.H.I.
Anmerkungen zum Besuch in Kiel.
14.–21. September 1947[1]

Sonntag, der 14. September 1947[2]

Reise. In Harwich.
Abgefahren L'pl St. [Liverpool Street Station][3] 7[.00]h abends. Sehr bequemer 1. Kl. [Klasse] Waggon und Speisewagen. Ein angenehmer Passagier als 4. [Passagier im Abteil], kurzer kleiner Mann mit Schnauzbart.[4]

Ank. [Ankunft] Harwich 9.40 [abends]. Lange Schlange auf dem Bahnhof Richtung Hafenanlagen, das Gepäck bewegt sich schrittweise in Etappen voran – Wir hatten einen Gepäckträger, der vorausging. Fanden ihn an der Zollabfertigung – alle zügig durch – Längster

1 Die Reisedaten wurden hier dem in der deutschen Übersetzung des Tagebuchs verwendeten Stil angeglichen. Im handschriftlichen Originaldokument lautet die Angabe »Sept 14–21, 1947«.

2 Im Original fehlten Wochentag und Jahreszahl. Sie wurden hier und für alle folgenden Tage eingefügt.

3 Liverpool Street Station ist ein Londoner Bahnhof, der Reiseziele östlich von London bedient.

4 Propst (Provost) Richard »Dick« Thomas Howard (1884–1981) reiste gemeinsam mit George Briggs, dem ehemaligen Bürgermeister Coventrys, und dem Vorsitzenden des Gewerkschaftsbundes Coventry, Wilfred Spencer, nach Kiel.

Weg zum Schiff – An Bord der Prague[5], ein guter alter Dampfer – Hinunter zu den Kabinen am Ende des Durchgangs – Ich und der kleine Mann zusammen, ich in der unteren Koje – Ging an Deck und beobachtete die Abfahrt entlang einem beleuchteten Kai mit vielen kleineren Schiffen entlang der Kaimauer – [Die Prague] drehte in die offene Mündung[6] und lief in Richtung See aus – jetzt alles dunkel. Ging unter Deck und machte mich fertig für das Bett »für den Fall«[7] – nach einem letzten Blick auf das Meer, um 11.15 [abends] zu Bett gegangen – See die ganze Nacht über ziemlich ruhig, bis auf die stoßartige Bewegung – Kleiner Mann ging viel später zu Bett. Schlief mit gelegentlichem Aufwachen sehr gut bis 5.45 [morgens] –

Hook. Ankunft um 6.0[0 morgens] – Rasierte mich und stand nach einer Tasse Tee auf – An Deck eine halbe Stunde lang Schlange stehen bis 7.0[0 morgens] – sehr gewöhnlicher, maroder Kai – Ging wieder in Etappen von Bord – Füllte Geldformulare aus – Passdrehkreuz – Zoll. Weiter zu den Zügen und fand den 7.50er [morgens] Zug der »Alliierten Kontrollkommission für Deutschland« (C.C.G.)[8][,] vorrangig für [deren] Mitarbeiter im Urlaub – Eher dürftiger 1. Klasse Waggon aber einigermaßen bequem – Frühstück beinahe unverzüglich – Ich versuchte, so gut ich konnte, mit der Heiligen Kommunion in der Gruftkapelle in geistiger Kommunion zu verbleiben.[9]
Holland.[10]

---

5 Nach ihrem Stapellauf 1929 verkehrte die SS Prague zwischen Harwich und dem europäischen Festland. 1938 führte sie den ersten Kindertransport von deutschen Kindern nach Großbritannien durch. Zudem war das Dampfschiff 1940 an der Evakuierung britischer Truppen aus Dünkirchen sowie 1944 an der alliierten Landung in der Normandie (Operation Overlord) beteiligt.

6 Harwich liegt in der Grafschaft Essex an der Mündung bzw. dem Zusammenfluss der Flüsse Stour und Orwell im Orwell Haven.

7 Hier könnte Howard auf Vorbereitungen »für den Fall« einer möglichen Seekrankheit anspielen.

8 Zwischen 1945 und 1949 oblag die Verwaltung des besetzten Deutschlands der Alliierten Kontrollkommission für Deutschland (Control Commission for Germany, CCG). Die britische Militärregierung in der britischen Besatzungszone einschließlich Schleswig-Holstein und Kiel firmierte unter dem Zusatz British Element (BE).

9 Howard bezieht sich hier auf die Gruftkapelle unter der Kathedrale von Coventry, wo in der Folge des Luftangriffs vom 14. November 1940 zeitweise Gottesdienste abgehalten wurden.

10 Howard schrieb keine Aufzeichnungen zu »Holland« auf S. 2 des Originaldokuments nieder und ließ auch die nächste Seite (S. 3) unbeschrieben.

Von Hamburg nach Kiel. Capt[.] Thompson[11] nahm uns in Empfang[.] Wir fuhren nachts die langen Alleen[12] entlang – Unsere erste Erfahrung mit dem Rechtsverkehr und dem permanenten Gefühl eines Frontalzusammenstoßes –

Er [Capt. Thompson] beschrieb die schlagartig verschärfte Lage in Kiel – Oberbürgermeister Gayk[13] ist eine außergewöhnliche Persönlichkeit – einnehmend – angenehm – sehr freundlich – fähig – scharfsinnig – Er [Gayk] und Thompson sehr offen miteinander –

Hallmark[14] [*sic*] Fabrik sollte demontiert werden – war ursprünglich eine Fabrik für Zivilgüter, dann für Kriegsgüter, seit einiger Zeit wieder für Zivilgüter – beschäftigt 1.300 Arbeiter – Aber gemäß dem Potsdamer Abkommen[15] ein potenzieller Rüstungsbetrieb erster Klasse und daher fällig für Abriss und Verkauf der Maschinen – Kieler Arbeiter lehnen das vehement ab und sagen, das sei unfair – wird Kiels Wiederaufbau verhindern – Aber C.C.G. verspricht, die Arbeiter in anderen Betrieben wieder zu beschäftigen.

Gayk unterstützt die Arbeiter leidenschaftlich. Regional Commander [Gouverneur Air Vice-Marshal Hugh Vivian Champion de Crespigny][16] unterstützte Thompson bei der plötzlichen Besetzung der

---

11 Group Captain A. S. Thompson war der Vertreter der britischen Militärregierung für den Kreis Kiel mit der offiziellen Bezeichnung Kreis Resident Officer (KRO).

12 Im englischen Original benutzt Howard das Adjektiv »avenued« für die für den Teil Schleswig-Holsteins zwischen Kiel und Hamburg typischen Alleen.

13 Von 1946 bis zu seinem Tod 1954 war Andreas Gayk (1893–1954) Kieler Oberbürgermeister. Er war eine Führungspersönlichkeit in der Sozialdemokratischen Partei Deutschlands (SPD) auf Kommunal- und Landesebene in Schleswig-Holstein.

14 Hier meint Howard die HOLMAG bzw. Holsteinische Maschinenbau AG, die aus einer Zusammenführung mehrerer Betriebe der ehemaligen Deutschen Werke AG bestand. Später wurde die HOLMAG in MaK umbenannt und wurde zu einem bekannten Produzenten von Lokomotiven und Schiffsdieseln. Grieser, Reichsbesitz, S. 86–144.

15 Die De-Industrialisierung war eine der wesentlichen Bestimmungen des Potsdamer Abkommens von 1945. Zudem stellte die Demontage von kriegsrelevanten Betrieben eine Form von Reparationen dar.

16 Howard benutzt hier die inkorrekte Bezeichnung Regional Commander anstatt des korrekten Titels Regional Commissioner. Auf Deutsch wird in der Regel der Titel Zivilgouverneur oder einfach nur Gouverneur benutzt. Von Mai 1946 bis Januar 1948 diente der in Australien geborene Air Vice-Marshal Sir Hugh Vivian Champion de Crespigny (1897–1969) als britischer Gouverneur für Schleswig-Holstein.

Anlage in der Nacht durch die Polizei.[17,18] Daher hohe Anspannung – unser Besuch beinahe abgesagt – aber Gayk erpicht auf Durchführung – Thompson entschied Fortführung bester Weg – nichts wird diese Woche geschehen – Gayk wird unseren Besuch dazu nutzen wollen, seine Stellung nach der Besetzung des Werks wieder herzustellen[19] –

NB während der ganzen Woche hat unser Besuch beruhigend gewirkt[20] (verlautbart Capt. Thompson) – Dennoch sehr starke Anspannung – Gayk hätte zu jedem Zeitpunkt festgenommen werden können, falls der Reg[ional] Com[mander] den Befehl dafür erteilt hätte – Aber gerade nicht – Der Reg[ional] Com[mander] hat noch keine Verfügung ergehen lassen, die die Sachlage im Hinblick auf die Demontage und die Wiederbeschäftigung der Arbeiter erläutert. In der Messe[21] glaubt man, dass es dafür jetzt zu spät ist – [Captain] Cowie[22] ist erbost, dass keine präziseren und positiveren Maßnahmen ergriffen wurden – Die gesamte Alliierte Kontrollkommission für Deutschland steht in der britischen Zone auf dem Spiel – Kiel wird ein Präzedenzfall sein –[23]

---

17 Als Reaktion auf die Proteste der Belegschaft gegen die Demontage der HOLMAG und das Verstreichen eines Ultimatums, mit dem die britische Militärregierung die Protestierenden zur Einhaltung der alliierten Vorgaben hatte zwingen wollen, befahl de Crespigny die Besetzung der HOLMAG durch 100 britische Soldaten und 120 deutsche Polizisten und die Aussperrung der dort Beschäftigten am 9. und 10. September 1947. Grieser, Reichsbesitz, S. 99.

18 Im Originaldokument befindet sich der Rest des Eintrags vom 14. September 1947 auf S. 42. In dieser Ausgabe wurde er am Ende des Abschnitts (S. 4 im Archivdokument) im Einklang mit Howards diesbezüglichen Anmerkungen eingefügt. Howards Vermerke im Originaltext (»Cont p. 42« bzw. »Cont from p. 4«) hingegen wurden hier nicht übernommen.

19 In Kiel waren Proteste gegen alliierte De-Industrialisierungsmaßnahmen keine Seltenheit. Grieser, Reichsbesitz, S. 4–86.

20 Im englischen Originaltext benutzt Howard die Formulierung »we have been ›Balm‹« (deutsch: Balsam), was auf eine de-eskalierende Wirkung des Besuchs hindeutet.

21 Hier ist die Offiziersmesse gemeint.

22 Der aus Schottland stammende Captain Donald Cowie war der britische Stadtkommandant von Kiel. Seine offizielle Bezeichnung lautete Commander of the 909 (K) Det. Mil. Gov., Kiel. Cowie diente das ehemalige Gestapo Hauptquartier (heute eine Polizeiwache) an der Ecke Düppelstraße und Moltkestraße als Dienststelle. Jürgensen und Garms, Briten, S. 46, 64.

23 Howards Bemerkungen zu Cowies Frustration und Befürchtungen über die mögliche Wirkung derartiger Proteste auf die politische und sozioökonomische Stabilität und den Zusammenhalt der britischen Besatzungszone bezogen sich auf die Tatsache, dass

Während ich dies am 21. Sept[ember] im Zug schreibe, wissen wir nicht, was geschehen sein mag.

Aber als wir am 15.[24] [September] von Hamburg nach Kiel reisten[,] klärte uns Capt[.] Thompson über den damaligen Stand der Gemengelage auf –

Montag, der 15. September 1947

Die Kantine. (1) Group Captain Thompson, der K.R.O. (Ausgesprochen Kairo), Kreise [*sic*] Regional [*sic*] Officer[25] oder »Gouverneur« von Kiel – ein altgedienter ex-R.A.F. [Royal Air Force] Offizier – Erinnerte mich wiederum an Jim Corbett[26], Tom Hensley[27] und Tim Parbury[28] – eine sehr charmante, aufrichtige, fähige, starke, freundliche, geistreiche Persönlichkeit, die wir gelernt haben zu respektieren und überaus mögen – Gibt sich gänzlich seinem Job hin – Eine gute Führungskraft, Organisator – Ließ uns von Beginn an vollkommen wie zuhause fühlen. Es ist offensichtlich, dass er von seinen Offizierskameraden der britischen Militärregierung Wertschätzung erfährt – Verrichtet eine außerordentlich schwierige Aufgabe außerordentlich gut – Er trägt enorme Verantwortlichkeiten – Er gab uns jedwede Möglichkeit, das Beste aus unserer Woche zu machen.

(2) Captain Cowie. Gp[roup] Capt[.] Thompsons stellvertretender Befehlshaber ist Schotte[29] – klein, stämmig, anregend, untersetzt, stramm, mit einem Gesicht wie ein Profiboxer – Aber ein höchst bemerkenswerter Mann – »Donald« – Er ist sehr liebenswert, menschlich, barmherzig, freundlich – Hochgradig reizbar und cholerisch –

solche Unruhen in allen westlichen Besatzungszonen grassierten. Gassert, Gesellschaft, S. 43–47.

24 Diese Datierung setzt voraus, dass sich die Fahrt von Hamburg nach Kiel bis in die frühen Morgenstunden des 15. September 1947 hinzog. Andernfalls verwechselte Howard hier möglicherweise das Datum (14. September 1947).

25 Thompsons korrekte Bezeichnung war Kreis Resident Officer (KRO).

26 Edward James »Jim« Corbett (1875–1955) war ein britisch-indischer Jäger und Naturforscher.

27 Die Identität dieser Person konnte nicht geklärt werden.

28 Die Identität dieser Person konnte nicht geklärt werden.

29 Im englischen Originaltext verwendet Howard die zeitgenössische Bezeichnung »Scotchman«.

Sehr fähig, schnelle Auffassungsgabe, rasches Handeln – Sagt selbst ständig großartige Dinge – Spirituell gesinnt –[30]

Ungemein weichherzig gegenüber den Schwachen und Leidenden – insbesondere Flüchtlingen und Kindern – Für die Deutschen im Allgemeinen und ihre Weichlichkeit hat er jedoch wenig übrig – Er hasst es zu sehen, wie sie die Behörden umgehen, und glaubt an Disziplin und Kontrolle[31] –

Er blickt auf eine lange, abwechslungsreiche Laufbahn während des Kriegs zurück, einschließlich Anzio[32] – »Meine Herren, bitte lächeln, Sie werden fotografiert«[.][33]

Auch er trägt dazu bei, unseren Aufenthalt wunderbar zu gestalten – Leitet die Kantine –

Capt[.] Ryder.[34] Beauftragter für Öffentliche Sicherheit oder Beauftragter für Allgemeine Richtlinien. Eine weitere feine und charmante Persönlichkeit – Hat etwas von George Rathbone[35] – Still, freundlich – Der deutschen Sichtweise zugeneigt – geistreich – Eventuell hätte er Gayk festnehmen müssen, während wir dort waren[.]

Diese Drei bildeten ein wunderbares Trio und passten gut zusammen, um eine harmonische Atmosphäre in der Kantine zu schaffen, wo gesprochen und gescherzt wurde –[36]

---

30 Im Einklang mit Howards Vermerk auf S. 5 des Originaltexts (»Cont on p 36«) wurden der verbleibende Teil zu Cowie sowie der nachfolgende Abschnitt zu Captain Ryder von S. 36 des Originaldokuments hier eingefügt. Howards Anmerkungen wurden nicht übernommen.

31 Howards Beschreibung von Cowie deckt sich mit anderen Überlieferungen. Dopheide, Kiel, S. 115.

32 Die Schlacht von Anzio, die vom 22. Januar bis zum 5. Juni 1944 andauerte, war Teil der alliierten Offensive in Italien, an deren Ende die Befreiung Roms stand.

33 Dieses Zitat bezieht sich auf die Häufigkeit, mit der Howard, Briggs und Spencer während ihres Besuchs in Kiel als Teil der Öffentlichkeitsarbeit der britischen Militärregierung fotografiert wurden.

34 Die Identität dieser Person konnte nicht geklärt werden.

35 Aller Wahrscheinlichkeit nach bezieht sich Howard an dieser Stelle auf George Rathbone (1874–1951), einen aus Manchester stammenden Komponisten, Pianisten, Organisten und Chorleiter.

36 Der nachfolgende Teil zum »Gästehaus« wurde hier gemäß Howards Anmerkung auf S. 5 im Originaldokument (»See p. 47«) eingefügt. Der Vermerk wurde jedoch nicht übernommen.

Das Gästehaus
Kleinstes Wohnhaus – rote Ziegel – gegenüber verwüstete, karge Gebäude – innen sehr weiß und gastfreundlich –

Gertrude und Wilma, zwei herausragende Dienstmädchen – sehr gutes Essen – über dem englischen Durchschnitt –

Ich schlief und wohnte in einem Zimmer im Obergeschoss mit Ausblick auf ein Haus mit rotem Dach sowie verwüstete Gebäude und eine wunderbare Eberesche in unserem Garten – ein kleiner »Ankleideraum« mit Waschbecken zum Waschen –

Das Bett verfügte über eine Doppelnackenrolle, [...][37] die ich schließlich abschnitt –

10[.00] morgens. Erste Begegnung mit Oberbürgermeister Gayk und die Totenfeier.[38]
Wir kamen am Rathaus an, wurden in das Empfangszimmer des Bürgermeisters geführt, wo wir Gayk und viele andere, die wir im Laufe der Woche des Öfteren zu Gesicht bekommen sollten, trafen –

Gayk hielt eine kleine Begrüßungsrede, auf die der Bürgermeister [von Coventry George Briggs[39]] antwortete – Mich überkam ein Gefühl der Sprachlosigkeit, und ich hielt es nicht für nötig, etwas hinzuzufügen –

Dann betraten wir die Halle, in der die Totenfeier stattfand – Dunkel – eine riesige Inschrift an der Wand im Gedenken an die Toten der Luftangriffe, Konzentrationslager und des Kriegs – Zu jeder Seite zwei große Urnen aus denen entflammtes Petroleum (?) loderte – Wunderschöne Musik, die das Herz tief beeindruckte und einen sehr gefühlvollen Hintergrund bildete – Saß vorn auf einem Stuhl, umgeben von

37 Im handschriftlichen Originaldokument befindet sich an dieser Stelle eine Zeichnung des Kissens, die hier nicht übernommen wurde.

38 Die Totenfeier war Teil des offiziellen Programms der Kieler Septemberwoche 1947. Sie fand an der Totengedenkstätte in der Eingangshalle des Kieler Rathauses statt. Während der Zeremonie waren alle Beschäftigten des Öffentlichen Dienstes und in der Privatwirtschaft dazu angehalten, die Arbeit ruhen zu lassen. Ehret die Toten! – Honour the Dead! In: Mitteilungen der Gesellschaft der Freunde Coventrys/Journal of the Society of Friends of Coventry 2 (15.10.1947), S. 11, StaK, 7543; Presseamt der Stadt Kiel, Programmheft Septemberwoche Kiel im Aufbau/Programme of the September Week »Rebuilding Kiel« (Kiel: Presseamt der Stadt Kiel, 1947), S. 56, StaK, 48777.

39 Zwischen 1946 und 1947 war George Briggs (1888–1977) Bürgermeister von Coventry. Zum Zeitpunkt seines Besuchs in Kiel hatte seine einjährige Amtszeit bereits geendet.

einer schweigenden, stehenden Menge bestehend aus Mitgliedern des Stadtrats und der Öffentlichkeit – Musik hinter dem Vorhang – eine lange Ansprache von Gayk – kurze Rede vom Bürgermeister [Briggs] – Kranzniederlegung (mit langem weißen Band zusammengebunden) – Mehr Musik – Dann langsam ausgeblendet.

10.30 [morgens] Kranzniederlegung auf dem Britischen Friedhof[40]
Stiegen wieder in die Autos und fuhren zum Britischen Friedhof – Riesige Freifläche mit Reihen und einem Feld kleiner weißer Kreuze – Vorn befanden sich zwei »Unbekannte«[41] und auf ihnen legte Gayk einen Kranz nieder – Schweigen – Ich war mir nicht sicher, ob ich ein Gebet sprechen sollte. Aber zu diesem frühen Zeitpunkt hatte ich zu starke Zweifel und fühlte mich weiterhin sprachlos. So schwieg ich, was ich für das Beste hielt[.]

Capt[.] Thompson sagte später, dass Gayk einen langen feierlichen Gang entlang der Mittellinien der Kreuze gewünscht habe. Er [Thompson] wollte ihm dieses Privileg jedoch nicht zubilligen und sorgte dafür, dass ein Grab vorn ausgewählt wurde.

Seltsame Feier! In gewisser Weise erscheint das alles so stupide. Und dennoch ist die Botschaft der Vergebung gut, da die Zerstörung geschah.

11.[00] morgens. Ausstellungseröffnung.[42]
Im Rathaus eine großartige Ausstellung über die Zerstörung Kiels, Vergleiche zwischen vorher und nachher (einschließlich ein Paar aus-

40 Bis zum heutigen Tag befinden sich die Gräber gefallener Soldaten aus Großbritannien und dem Commonwealth auf dem Kieler Nordfriedhof.

41 Howard meint hier Grabmäler von unbekannten Soldaten.

42 Die Ausstellung unter dem Titel »Kiel im Aufbau« war Teil der offiziellen Festivitäten anlässlich der Kieler Herbstwoche 1947, die unter demselben Motto stand. Sie setzte sich aus verschiedenen Teilen zusammen, die sich über das Erdgeschoss, den Hauptgang und die Rotunde des Rathauses erstreckten. Neben dem Gemäldezyklus »Aus den Trümmerstätten Kiel« des Kieler Künstlers Hans Rickers (1899–1979), beschäftigten sich die Ausstellungen mit den Themen »Zerstörung, Aufräumung, Aufbau, Ehrenamtl. Aufräumungsdienst« und »Schätze des Kieler Archivs«. Die englische Übersetzung des Programms listet »Ehrenamtl. Aufräumungsdienst« bzw. "Honorary Clearance Service" als separate Ausstellung auf. Presseamt der Stadt Kiel, Programmheft Septemberwoche Kiel im Aufbau/Programme of the September Week »Rebuilding Kiel« (Kiel: Presseamt der Stadt Kiel, 1947), S. 13, 56, StaK, 48777. Zu Rickers' Kiel-Zyklus: Tillmann, »Kiel,« S. 166–171.

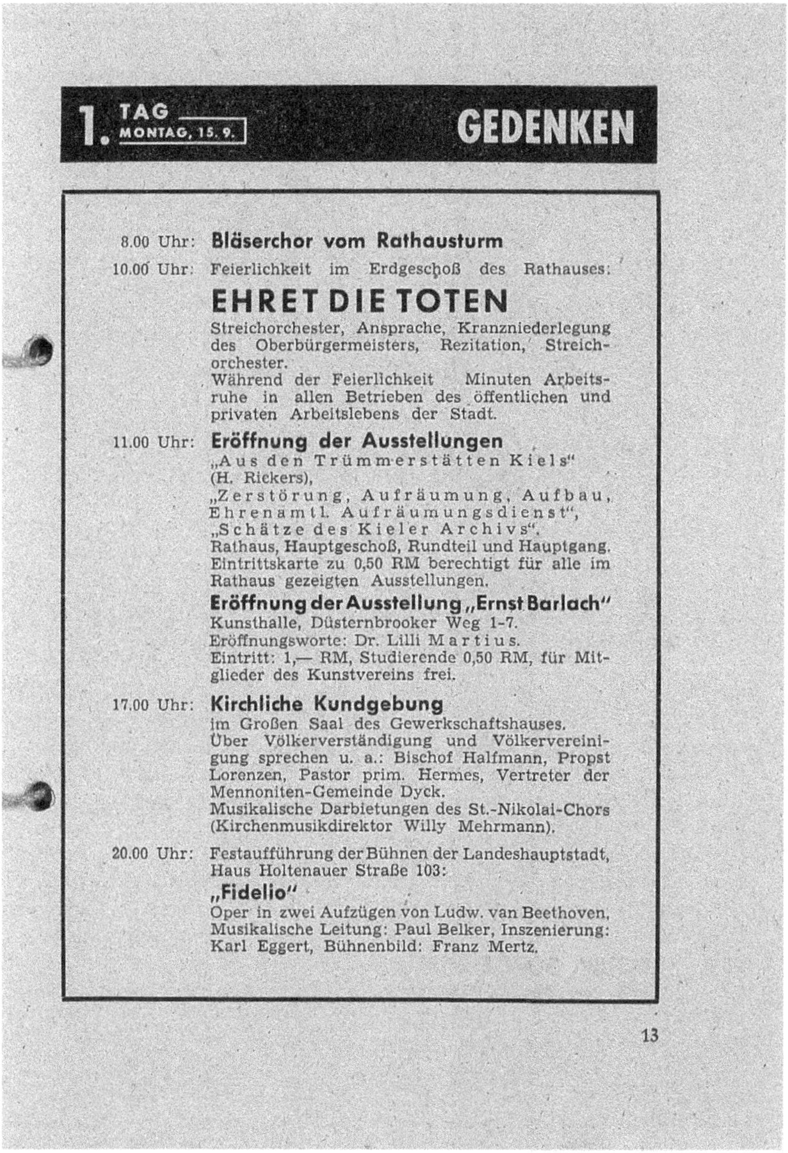

1. TAG MONTAG, 15. 9. **GEDENKEN**

8.00 Uhr: **Bläserchor vom Rathausturm**

10.00 Uhr: Feierlichkeit im Erdgeschoß des Rathauses:

EHRET DIE TOTEN

Streichorchester, Ansprache, Kranzniederlegung des Oberbürgermeisters, Rezitation, Streichorchester.
Während der Feierlichkeit Minuten Arbeitsruhe in allen Betrieben des öffentlichen und privaten Arbeitslebens der Stadt.

11.00 Uhr: **Eröffnung der Ausstellungen**
„Aus den Trümmerstätten Kiels" (H. Rickers),
„Zerstörung, Aufräumung, Aufbau, Ehrenamtl. Aufräumungsdienst",
„Schätze des Kieler Archivs".
Rathaus, Hauptgeschoß, Rundteil und Hauptgang.
Eintrittskarte zu 0,50 RM berechtigt für alle im Rathaus gezeigten Ausstellungen.

Eröffnung der Ausstellung „Ernst Barlach"
Kunsthalle, Düsternbrooker Weg 1-7.
Eröffnungsworte: Dr. Lilli Martius.
Eintritt: 1,— RM, Studierende 0,50 RM, für Mitglieder des Kunstvereins frei.

17.00 Uhr: **Kirchliche Kundgebung**
im Großen Saal des Gewerkschaftshauses.
Über Völkerverständigung und Völkervereinigung sprechen u. a.: Bischof Halfmann, Propst Lorenzen, Pastor prim. Hermes, Vertreter der Mennoniten-Gemeinde Dyck.
Musikalische Darbietungen des St.-Nikolai-Chors (Kirchenmusikdirektor Willy Mehrmann).

20.00 Uhr: Festaufführung der Bühnen der Landeshauptstadt, Haus Holtenauer Straße 103:

„Fidelio"
Oper in zwei Aufzügen von Ludw. van Beethoven, Musikalische Leitung: Paul Belker, Inszenierung: Karl Eggert, Bühnenbild: Franz Mertz.

13

Presseamt der Stadt Kiel, Programmheft Septemberwoche Kiel im Aufbau / Programme of the September Week »Rebuilding Kiel«.
(Kiel: Presseamt der Stadt Kiel, 1947), S. 13, Stadtarchiv Kiel, 48777.

gezeichneter Fotos der St. Nikolaikirche Kiel[43] und der Kathedrale von Coventry[44]), der Zustand Kiels, zukünftige Stadtplanungen.

Ich wurde von dem Macher der Ausstellung, einem eifrigen, freundlichen Deutschen, herumgeführt.[45] Propst Lorentzen[46] begleitete mich ebenfalls.

3.0[0] [nachmittags] Gespräch mit dem örtlichen Gouverneur.[47]
Wir fuhren zum örtlichen Hauptquartier der britischen Militärregierung »Somerset House«[48] und sprachen mit Sir De Crespigny[,] dem Reg. Com. oder Regional Commander [örtlichen Gouverneur], »De Crespigny« – Erinnerte ein wenig an Arnold Rogers[49] mit einem Schnauzbart –

Sehr an unserem Besuch interessiert und sagte, er glaube, dass die Gesellschaft [der Freunde Coventrys], falls sie für »spirituelle und kul-

43 Die Ursprünge der St. Nikolaikirche am Alten Markt in der Kieler Altstadt reichen bis ins 13. Jahrhundert zurück. Sie ist die größte evangelische Kirche in Kiel. Am 22. Mai 1944 wurde sie durch einen alliierten Luftangriff schwer beschädigt.

44 Die Domkirche zu Sankt Michael, besser bekannt als Kathedrale von Coventry (Englisch: Coventry Cathedral), hat ihre Ursprünge in der Mitte des 14. Jahrhunderts. Während eines deutschen Bombenangriffs (Codename: Aktion Mondscheinsonate) wurde der Dom am 14. November 1940 größtenteils zerstört. In der Folge wurden die Ruinen der alten Domkirche und die neu erbaute, 1962 geweihte Kathedrale zu zentralen Symbolen von Vergebung, Versöhnung und Völkerverständigung. Howard, Story; Howard, Ruined.

45 Obgleich Howard keinen Namen nennt, könnte es sich um den Kieler Stadtbaudirektor Herbert Jensen (1900–1968) gehandelt haben. Unter anderem hatte Jensen 1946 den Kieler Generalbebauungsplan erstellt. Aufgrund seiner erfolgreichen Arbeit in Kiel, leitete Jensen ab Oktober 1961 die Schlussphase der Wiederaufbauplanungen für München. Schnoor, Jensen, S. 168.

46 Propst Johannes Lorentzen (1881–1949) war seit 1925 Pastor an der St. Nikolaikirche und von 1946 bis zu seinem Tod 1949 zudem Propst von Kiel.

47 Der offizielle Titel lautete British Regional Commissioner.

48 Unter dem Namen Somerset House firmierte nach dem Krieg das Gebäude des ehemaligen Luftkreiskommandos VI (See) zwischen Niemannsweg und Hindenburgufer (heute Kiellinie). Zwischen 1946 und 1955 diente das Somerset House dem britischen Gouverneur von Schleswig-Holstein (offizieller englischer Titel: British Regional Commissioner for Schleswig-Holstein) als Amtssitz. Nach der westdeutschen Wiederbewaffnung residierte in dem Gebäude später das Territorialkommando Schleswig-Holstein der Bundeswehr.

49 Möglicherweise bezieht sich Howard hier auf den Fußballspieler Arnold William Rodgers (nicht Rogers), der seinerzeit bei Huddersfield Town spielte und eine gewisse Ähnlichkeit mit de Crespigny hatte.

turelle« Freundschaft stehe und keine militaristischen Ambitionen hege, viel Gutes tun könne –

Er erschien mir als ein ausgezeichneter, zuverlässiger, edelgesinnter Verwaltungsleiter und Gouverneur[.]

Hier traf ich Marjorie Kaye[50] und sah ebenso erstmals den Kieler Hafen durch die offenen Fenster des geräumigen Zimmers.

5.0[0 nachmittags] Kirchentreffen. Dies war ein Treffen der Kirchen im Rahmen der Aufbau-Woche[51] – Ich traf Bf. [Bischof] Halfmann[52], Oberhaupt der Protestantischen Kirche von Schleswig-Holstein[53], Propst Lorentzen, Pastor Hermes (katholisch)[54] und andere[55] – Auf der Bühne traten Chöre auf, die während der Veranstaltung sehr schön und ausdrucksvoll sangen – Obwohl ich nichts verstehen konnte, genoss ich es, vor allem »Wachet auf« –

Propst Lorentzen und Pastor Hermes hielten Reden zu den kirchlichen Aspekten des Wiederaufbaus – meine Dolmetscher waren nicht allzu gut und waren mir keine große Hilfe[.]

Dann war ich an der Reihe. Ich begann mit dem Satz »Solch schöner Gesang lenkt all meine Gedanken ab, aber vielleicht inspiriert er mich ja auch, mein Bestes zu geben«[56] – Ich überbrachte die Grüße der

50 An späterer Stelle verweist Howard nochmals auf eine gewisse Marjorie Francis Kaye. Die Identität dieser Person konnte nicht geklärt werden.

51 Laut dem offiziellen Programm der Herbstwoche handelte es sich um eine »Kirchliche Kundgebung« zum Thema »Völkerverständigung und Völkervereinigung« im Großen Saal des Gewerkschaftshauses in der Legienstraße. Presseamt der Stadt Kiel, Programmheft Septemberwoche Kiel im Aufbau/Programme of the September Week »Rebuilding Kiel« (Kiel: Presseamt der Stadt Kiel, 1947), S. 13, StaK, 48777.

52 Wilhelm Halfmann (1896–1964) war der protestantische Bischof von Holstein. Im Jahr 1936 veröffentlichte er das antisemitische Pamphlet »Die Kirche und der Jude«.

53 Im englischen Originaltext bezeichnet Howard Halfmann als »Chief Prot. of Schleswig-Holstein«.

54 Von 1931 bis 1964 war Hermann Hermes (1884–1969) Pfarrer und Pastor primarius in der katholischen St. Nikolaus-Gemeinde in Kiel.

55 Neben den von Howard erwähnten Klerikern nahm ein Vertreter der Mennoniten (Herr Dyck) an der Veranstaltung teil. Der St.-Nikolai-Chor unter der Leitung von Willy Mehrmann sorgte für das musikalische Programm. Presseamt der Stadt Kiel, Programmheft Septemberwoche Kiel im Aufbau/Programme of the September Week »Rebuilding Kiel« (Kiel: Presseamt der Stadt Kiel, 1947), S. 13, StaK, 48777.

56 Siehe dazu auch die handschriftlichen Aufzeichnungen »An Address by Provost R.T. Howard to Christians in Kiel«, o.D., CCA, PA2506/25/2/11.

Kirchen aus Coventry, der Kleriker, der Mothers['] Union,[57] des katholischen Monseigneur Emery[58] – Wiederaufbau primär spirituell – Daher ist die Arbeit der Kirchen von elementarer Bedeutung für die F.C.K. [Freunde von Coventry und Kiel][59] – Ich bat sie durch mein Antlitz das Antlitz Xt[60] [Christi] im Körper von Xt in Coventry zu sehen[,] und ich sehe nun in ihren Antlitzen das Antlitz von Xt in Kiel – die Einheit zwischen uns[61] in Xt war wahrhaftig[,] und so waren wir bereits in Ihm [Christus] Freunde –

Dann hielt ich ein Nagelkreuz aus Coventry[62] empor – erklärte seine Herkunft und Bauweise – würde es nun Propst Lorentzen für seine Kirche als Symbol der göttlichen Vergebung und unserer gemeinsamen Freude übergeben, und durch Gottes Kraft durch den Tod und die Wiederauferstehung Christi sollten alle unsere Sünden und Tragik ins Gute gewendet werden –

So übergab ich das Kreuz und reichte Propst L.[Lorentzen] die Hand – Mir ist seitdem von vielen Seiten zugetragen worden, dass dies einen tiefen Eindruck hinterließ –[63]

---

57 Seit ihrer Gründung 1876 sieht die Organisation Mothers' Union ihre Aufgabe darin, Mütter bei der Erziehung ihrer Kinder gemäß christlichen Prinzipien und des christlichen Glaubens zu unterstützen.

58 Monseigneur Emery war katholischer Pfarrer in der St. Elizabeth-Gemeinde in Coventry.

59 Howard benutzt die uneindeutige Abkürzung »F.C.K.« (Friends of Coventry and Kiel) häufig mit Bezug auf die Gesellschaft der Freunde Coventrys (englischer Name: Society of Friends of Coventry).

60 »Xt« ist eine gängige Abkürzung für Christus.

61 Der nachfolgende Teil dieses Eintrags wurde gemäß Howards Anmerkung von S. 43 im Originaldokument hier angefügt (S. 10 im Archivdokument). Howards Vermerke diesbezüglich wurden jedoch nicht übernommen.

62 Unmittelbar nach dem deutschen Luftangriff auf Coventry vom 14. November 1940, gestaltete Pastor (Reverend) Arthur Wales von der Gemeinde St. Mark in unmittelbarer Nähe zur Kathedrale von Coventry das erste Nagelkreuz aus Nägeln aus dem zerstörten Dachstuhl des Doms. Daraus entwickelte sich später die Nagelkreuzgemeinschaft. The Story of the Cross of Nails, < https://www.coventry.anglican.org/the-story-of-the-cross-of-nails.php>.

63 Bis zum heutigen Tag hängt das Nagelkreuz in der St. Nikolai Kirche.

8.0[0 abends] Oper.[64]
»Fidelio« – Prächtiger Gesang – kunstvolle und interessante Inszenierung – Konnte aber nicht viel verstehen – Wir hatten erstklassige Plätze – Das Kieler Stadtorchester[65] spielte – Wir schmunzelten bei dem Gedanken daran, wie wenig fähig ein Orchester aus Coventry zu solch einer Aufführung wäre – Es war fürchterlich heiß und stickig, aber ich hatte früher am Tag geschlafen und war munter.[66]

Dienstag, der 16. September 1947

10[.00 morgens]–12.30[nachmittags] Besuch von Flüchtlingslagern.[67]
Dies war eine der beschwerlichsten, aber zugleich auch anregendsten unserer vielen Exkursionen – Captain Cowie führte uns herum und lief zu Bestform auf, als er die Planungen für den Umgang mit der Flüchtlingskrise erläuterte.[68]
(1) Nissenhütten.[69] Über 500 Menschen – Wir besuchten eine Hütte, in der eine große Familie lebte, bestehend aus einer Mutter mit einem kleinen Jungen in ihren Armen – ein älterer Junge, ungefähr 10 Jahre

64 Howard besuchte eine Inszenierung von Ludwig van Beethovens Oper »Fidelio« in zwei Akten im Neuen Theater in der Holtenauer Straße 103 (heute Schauspielhaus). Musikalische Leitung: Paul Belker. Inszenierung: Karl Eggert. Presseamt der Stadt Kiel, Programmheft Septemberwoche Kiel im Aufbau/Programme of the September Week »Rebuilding Kiel« (Kiel: Presseamt der Stadt Kiel, 1947), S. 13, StaK, 48777.

65 Im englischen Originaltext verwendet Howard den Begriff »Kiel Municipal Opera«, die es jedoch nicht gab. Vielmehr dürfte es sich hier um das Stadtorchester gehandelt haben.

66 Im Originaldokument notierte Howard fälschlicherweise seine Kommentare zur Oper »Fidelio« im Abschnitt zum Orchesterkonzert am folgenden Tag, dem 16. September 1947, (S. 15) und umgekehrt (S. 11). Anhand seiner Vermerke dazu wurde dieser Fehler hier korrigiert, seine Vermerke im Text jedoch nicht übernommen.

67 Kiel verfügte insgesamt über 20 Flüchtlingslager. Um 1948 lebte jeder vierte Flüchtling in der Stadt in einem der Lager. Grieser, Wiederaufstieg, S. 402.

68 Die Flüchtlingskrise stellte die britische Militärregierung vor immense Herausforderungen. Graham-Dixon, Occupation.

69 Diese Wellblechhütten mit halbrundem Dach sind nach ihrem Erfinder, dem kanadischen Ingenieur Peter Norman Nissen (1871–1930) benannt. Da in Kiel drei »Nissenhüttenlager« existierten, erscheint es wahrscheinlich, dass Howard eines dieser Lager am Augustenburger Platz, Professor-Peters-Platz oder Schlachthof besichtigte. Wie von Howard beschrieben, hausten die Bewohnerinnen und Bewohner von Nissenhütten unter widrigen Lebensbedingungen. Carstens, Flüchtlingslager, S. 441–460.

Septemberwoche 1947 – Kiel im Aufbau. Festvorstellung des Neuen Theaters während der Kieler Woche im September 1947. In der ersten Reihe sind Gäste aus Coventry mit dabei. Mit dem Rücken zum Betrachter Gewerkschaftssekretär Spencer (1.v.l.) unterhält sich mit Propst Richard Howard (3.v.l.), Mayor George Briggs (5.v.l.) und Oberbürgermeister Andreas Gayk (7.v.l.), Gouverneur Sir Hugh Champion de Crespigny (9.v.l.). September 1947.

Foto: Gerhard Garms (1917–2001, Nordmark-Film). Landesarchiv Schleswig-Holstein, Abt. 2003. 2 Nr. 4176.

alt, und andere. Sauber und schienen nette Menschen zu sein. Ehemann aushäusig oder bei der Arbeit – Mir tat der kleine Junge leid, und ich gab ihm einen Schokoladenriegel –

Die Hütten beschlagen mit Kondenswasser und sind sehr unbeliebt und ein Misserfolg – Sie sind im Winter sehr kalt – Man benutzt jetzt die Wellblechdächer und deckt mit ihnen Häuser, um so mehr Menschen unterbringen zu können.

(2) Holzbaracken – Das war das Lager Schulenberg [*sic*][70] – Große Baracken, die mehrere Familien beherbergen – viele Frauen und Männer mittleren oder hohen Alters – ehemalige Bauern – Gesichter mit feinen Gesichtszügen – Sauber – Ein kleiner eiserner Ofen in der Mitte zum Kochen – Bilder an der Wand –

Das Lager liegt inmitten eines wunderschönen Kiefernwaldes auf kleinen Hügeln –

Wir sprachen mit einer netten alten Dame, die spann, mit einem schönen alten Gesicht und einem strahlenden Lächeln – Zudem befand sich in der Baracke für sehr alte Frauen die Älteste von allen[,] eine Dame im Alter von 87 [Jahren], Urgroßmutter, Großmutter, die aber leider nur »Ich habe alles verloren« sagen konnte – Ihr Gesicht war unendlich traurig – Ich konnte nur ihre beiden Hände in meinen halten und »Guter Gott« sagen – Es schien sie ein wenig aufzumuntern.

TB [Tuberkulose] ist unter den Kindern sehr verbreitet – 25 % sind betroffen – Sie leben in einer eigenen Baracke[,] und viele genesen[71] – Wir sprachen mit den Kindern in der Baracke –[72]

---

70 Howard schrieb den Namen Schulenburg falsch. Das Lager Schulenburg im Vieburger Gehölz hatte 1947 ca. 450 Bewohnerinnen und Bewohner. Carstens, Flüchtlingslager, S. 307–317. Während sich der Abschnitt »10[.00 morgens]–12.30[nachmittags] Besuch von Flüchtlingslagern.« im handschriftlichen Tagebuch in Teilen auf S. 12 findet, schrieb Howard seine Beobachtungen zum Lager Schulenberg auf S. 44 nieder und vermerkte dies entsprechend. In dieser Edition wurden beide Teile im Eintrag zum Besuch der Flüchtlingslager zusammengeführt. Howards Vermerke hingegen wurden nicht übernommen.

71 Oftmals handelte es sich um Fälle von geschlossener, nicht-ansteckender TB. Grieser, Wiederaufstieg, S. 404. Abgesehen von der von Howard erwähnten TB erfreuten sich die Bewohnerinnen und Bewohner von Kieler Flüchtlingslagern allgemein relativ guter Gesundheit, mit Ausnahme von gelegentlich auftretenden Fällen von Typhus, Masern und Keuchhusten. Zudem beschäftigte die Stadt Kiel medizinisches Personal zur Betreuung der Flüchtlingslager. Carstens, Flüchtlingslager, S. 76–84.

72 Der verbleibende Teil mit allgemeinen Angaben zu den Flüchtlingslagern befindet sich im Originaltagebuch auf S. 45 und wurde hier aus thematischen Gründen angefügt.

Der Höhepunkt des Lagers aber war die Vorschule, ein aufgeräumtes, gut ausgestattetes Klassenzimmer im Kindergartenstil mit einer jungen, offenkundig höchst qualifizierten Lehrerin, die uns die gesamte Ausrüstung und Modelle etc. mit großem Stolz zeigte.
(3) Häuser. Eine große, überdachte Baracke wie eine Mietskaserne – Sie sah düster und so ziemlich am ungemütlichsten von allen aus –

Als der Bürgermeister [George Briggs] und ich vor diesem Wohnhaus im Auto saßen, spielten in der Nähe ein paar Kinder – ein kleiner Junge und ein kleines Mädchen ahmten ihre verzerrten Umrisse, die sich in der glänzenden Autotür spiegelten, nach – Sie amüsierten sich sehr, nach und nach bildete sich eine Gruppe von ungefähr 10 kleinen Kindern, die lachten und tanzten und immer wieder lachend kreischten – ein sehr angenehmer Anblick und Klang – in Schulenberg [*sic*] hatte uns ein Hund angebellt, und nun sagten wir uns, dass wir zwei Brocken der internationalen Sprache gehört hatten, das Bellen eines Hundes und das Lachen von Kindern –

Die Flüchtlinge[73]
Gemäß dem Potsdamer Abkommen fielen Pommern und O.[Ost-] Preußen an Polen,[74] und die Menschen wurden schlagartig aus ihrer Heimat vertrieben und mit nur wenigen Habseligkeiten nach Sch[leswig]-Holst[ein] fortgeschickt – Die meisten Männer und jungen Frauen behielt man zur Zwangsarbeit dort, sodass sie [die Flüchtlinge] sich zum Großteil aus alten Menschen und Kindern zusammen-

73 Der Teil »Die Flüchtlinge« befindet sich im Original auf S. 46 und wurde hier im Einklang mit Howards Vermerk am Beginn des Abschnitts »10[.00 morgens]–12.30[nachmittags] Besuch von Flüchtlingslagern.« (»[See p 46]«) unter diesem Tagebucheintrag eingefügt. Die Anmerkung aus dem Originaldokument wurde jedoch nicht übernommen.

74 Howards Bemerkung zu Pommern trifft nur teilweise zu. Auf der Potsdamer Konferenz verständigten sich die Alliierten darauf, dass Königsberg (Kaliningrad) und der nördliche Teil Ostpreußens sowjetischer Kontrolle und der Rest Ostpreußens, Danzig und Teile Oberschlesiens polnischer Kontrolle unterstellt werden sollten. Die neue polnische Westgrenze mit dem besetzten Deutschland folgte der Oder-Neiße-Linie. Praktisch hatte das zur Folge, dass Teile Pommerns polnisch wurden, und ca. 1,5 Millionen Flüchtlinge von dort in die britische Besatzungszone umsiedeln sollten. Demshuk, Citizens, S. 385, 394 Fußnote 6; Graham-Dixon, Occupation, S. 34.

setzen[75] – Es sind ungefähr 1.500.000 von ihnen [den Flüchtlingen][,] und sie sind so zahlreich wie die Bev. [Bevölkerung] von Sch[leswig]-Holst[ein] – Aber S[chleswig]-H[olstein] hat sie alle aufnehmen und für sie sorgen müssen – Sie sind im ganzen Land in Heimen und Flüchtlingslagern untergebracht – Das hat zur Folge, dass die Überbelegung in S[chleswig]-H[olstein] schlimmer als in jedem anderen Teil der britischen Zone ist – [76]

Siehe Memo des Reg. Coms. [Regional Commissioner de Crespigny][77]

3.0[0 abends] Die Stadtvertretung.
Es handelte sich um eine Sondersitzung,[78] der wir als Ehrengäste beiwohnten – Das Auto wollte nicht anspringen, und Cowie besorgte in letzter Minute ein anderes – wir rasten zum Rathaus und trafen dort nach dem Reg. Com. ein, der als Letzter eintreffen sollte – Aber während er eine Polizeigarde abschritt[,] schlichen wir uns gerade noch rechtzeitig hinein – Alle standen für uns auf, und wir hatten Plätze an der Seite –

Musik – Rede von Gayk, einschließlich unserer Begrüßung – Rede vom Reg. Com., in der er Bevins[79] Außenpolitik rechtfertigte[:]

75 In Ostpreußen setzten die sowjetischen Behörden auf junge Zwangsarbeiterinnen. Auch in Polen wurden Deutsche interniert und zur Zwangsarbeit verpflichtet. Kossert, Heimat, S. 34.

76 Zur Flüchtlingskrise in Schleswig-Holstein: Graham-Dixon, Occupation, S. 126–172.

77 Da das o.g. Memorandum des Regional Commissioner for Schleswig-Holstein, Air Vice-Marshal Sir Hugh Vivian Champion de Crespigny, weder in Howards Tagebuch noch in der dazugehörigen Akte (CCA, PA2506/28/2/11) auffindbar ist, war es nicht möglich festzustellen, auf welches Dokument Howard Bezug nimmt. An anderer Stelle schreibt Graham-Dixon im Zusammenhang mit der Flüchtlingskrise über de Crespignys Bedenken und Lösungsansätze für Schleswig-Holstein (Occupation, S. 138–139).

78 Die Sondersitzung der Ratsversammlung war Teil der Kieler Herbstwoche 1947. Sie fand im Großen Saal der Pädagogischen Hochschule in der Diesterwegstraße statt. Presseamt der Stadt Kiel, Programmheft Septemberwoche Kiel im Aufbau/Programme of the September Week »Rebuilding Kiel« (Kiel: Presseamt der Stadt Kiel, 1947), S. 15, StaK, 48777. Bürgermeister Briggs hielt ebenfalls eine Rede. Zwei Städte – ein Geist humanitärer Freundschaft!/Two cities – One spirit of humanitarian friendship! In: Mitteilungen der Gesellschaft der Freunde Coventrys/Journal of the Society of Friends of Coventry 2 (15.10.1947), S. 1, StaK, 7543. Siehe ferner: Niederschrift der Sitzung der Ratsversammlung am 16.9.1947, StaK, P II/64/19470916/i.

79 Ernest Bevin (1881–1951) war Außenminister in der Labour-Regierung von Premierminister Clement Attlee (1883–1967).

(1) Demilitarisierung/Deindustrialisierung von Deutschland (2) Wirtschaftlicher Wohlstand für Deutschland gemeinsam mit Gesamt-Europa[80] –

Er betonte Letzteres

Ratsversammlung gewährte F.C.K. £120

Ansprache des Herrn Präsidenten [Hermann Lüdemann][81]

Ausgabe der Ehrenurkunden für das Trümmerräumen[.][82]

6.0[0 abends] Professor Rendtorff.[83]

Prof. Rendtorff – ein sehr angenehmer, kultivierter, aufrichtiger Professor für Praktische Theologie (= Pastoralien[84]) – war vor dem Krieg sehr in der C.S.V. [Christlichen Studentenvereinigung][85] und anderen

80 Diese Anmerkungen müssen im Zusammenhang mit dem aufkommenden Kalten Krieg betrachtet werden. Zwischen 1945 und 1947 verfolgte Ernest Bevin eine Doppelstrategie gegenüber der Sowjetunion. Während er nach außen weiterhin eine Zusammenarbeit zwischen der Sowjetunion und den Westalliierten propagierte, versuchte er gleichzeitig, eine Koalition westeuropäischer Staaten aufzubauen, um so den sowjetischen Einfluss in Deutschland und Europa einzuhegen. Deighton, Peace, S. 6–7.

81 Von 1947 bis 1949 war Hermann Lüdemann (1880–1959, SPD) Ministerpräsident des Landes Schleswig-Holstein. Im Originaldokument befindet sich an dieser Stelle ein Verweis (»[See p. 24]«) auf den Empfang bei Willi Koch am Donnerstagabend, wo Howard mit Lüdemann sprach. Diese Anmerkung wurde hier nicht übernommen.

82 Die Trümmerbeseitigung stellte die Kieler Stadtverwaltung vor große Herausforderungen. Im Jahr 1948 schätzte die Stadt Kiel das zu räumende Gesamtvolumen an Schutt auf 5 Millionen Kubikmeter. Rosenplänter, Dimensionen, S. 152.

83 Heinrich Rendtorff (1888–1964) war Theologe und Professor für Praktische Theologie sowie Dekan der Theologischen Fakultät an der Christian-Albrechts-Universität (1945–56). Im Originaltext enthält Seite 14 lediglich den Eintrag »6.0[0 abends] Professor Rendtorff«, wohingegen sich der Eintrag zu Rendtorff am Beginn des Tagebuchs befindet (ohne Seitenangabe). Diese Passagen wurden hier eingefügt.

84 Pastoralien bezeichnen die Pfarramtsangelegenheiten eines Geistlichen.

85 Im Originaltext benutzt Howard das britische Pendant zum CSV, das Student Christian Movement (SCM), um Rendtorffs Arbeit in der christlichen Studierendenbewegung zu beschreiben. Das SCM wurde 1889 gegründet und gilt als die älteste christliche Studierendenorganisation des Vereinigten Königreichs. Die CSV wurde 1895 gegründet und bestand neben dem 1896 gegründeten Studentenbund für Mission und der Deutschen Christlichen Vereinigung Studierender Frauen als größte Organisation der christlichen Studierendenbewegung in Deutschland. Abschließend konnte nicht geklärt werden, in welcher der Organisationen sich Rendtorff engagierte. Als die bekannteste Organisation der deutschen christlichen Studierendenbewegung wurde im Text die CSV genannt.

Nr. 2 15. 10. 1947

Mitteilungen der »Gesellschaft der Freunde Coventrys« · JOURNAL OF THE SOCIETY OF FRIENDS OF COVENTRY

Erscheint in loser Folge. Preis 0.50 Reichsmark. Die »Mitteilungen« sind weder im Buchhandel und Zeitschriftenhandel, noch im Postbezug erhältlich
Appearing at irregular intervals. Price RM 0.50. The Journal is not obtainable at book stores, periodical shops, nor by mail order

Auf der Sondersitzung der Kieler Stadtvertretung am 16. 9. 1947 ergreift Bürgermeister Briggs - Coventry, von der Versammlung lebhaft begrüßt, das Wort. „Wir müssen, so sagt er, die große Wahrheit erkennen, daß wir alle Glieder eines Ganzen sind. Daher müssen wir den Geist gegenseitigen Verständnisses fördern. Wir hatten uns bisher auf Haß eingestellt und haben die furchtbaren Folgen erlebt. Versuchen wir es jetzt mit dem Geiste der Freundschaft und des guten Willens".

At the special meeting of the Municipal Counsil of Kiel on September 16, 1947, Mayor Briggs of Coventry, heartily welcomed, addressed the assembly, saying: "We have to realize the great truth that we are all members ob one another. We therefore must seek to promote a spirit of understanding. We have tried hatred and heve seen its bire result. Let us try friendship and give good will a chance".

(Foto: Nordmark-Film, Kiel)

Zwei Städte – ein Geist humanitärer Freundschaft!

Two cities – One spirit of humanitarian friendship!

Oberbürgermeister Gayk - Kiel dankt den Gästen für ihr Erscheinen und sagt: „Daß der Geist der Humanität in unseren Städten blühen möge, das, Herr Bürgermeister, lassen Sie uns durch Handschlag bestätigen.' Unter stärkstem Beifall der Versammlung bekräftigten beide Bürgermeister darauf durch Handschlag dies Gelöbnis.

Oberbürgermeister Gayk - Kiel, thanking the guests from Coventry for their coming, says: „Let us shake hands and promise that the spirit of humanity shall flourish in our two cities." The Mayor and the Bürgermeister confirm this vom by shaking hands, accompanied by. strongest applause from the meeting.

(Foto: Nordmark-Film, Kiel)

Titelseite der Mitteilungen der Gesellschaft der Freunde Coventrys / Journal of the Society of Friends of Coventry 2 (15.10.1947), S. 1. Stadtarchiv Kiel, 7543.

ökumenischen Anstrengungen[86] engagiert – Sein ältester Sohn war im Alter von 18 Jahren aufgrund eines Glaubensbekenntnisses in der Schule zeitweise in einem Konzentrationslager inhaftiert, wurde aber nach einer Gerichtsverhandlung entlassen und kam danach in Russland im Krieg ums Leben[87] – Er ist bekennend[88] – Er verlor alles mit dem Verlust seines Hauses und hat damit begonnen, wieder eine Bibliothek aufzubauen –

Wir sprachen gemeinsam über die Stellung von Freundschaft zwischen Christen in K.[Kiel] und C.[Coventry] innerhalb der Gesellschaft der Freunde [Coventrys] – Wir diskutierten über die Rolle der Kirchen in Deutschland heute – Ich denke, wir fühlten beide die Wirklichkeit der christlichen Gemeinschaft zwischen uns.

8.0[0 abends] <u>Orchesterkonzert</u>[89]
Alle Stücke waren mir relativ oder gänzlich neu – Ich genoss jedes von ihnen außerordentlich und dachte, ich würde gern einen Nachschlag vom Ersten und Letzten haben[.][90]

(1) Beethovens 1. Sinfonie

(2) Brahms' 4. Sinfonie

Bei beiden [(1) und (2)] waren alle Sätze »verständlich«.

---

86 Howard spricht im Original von »re-union work«, was einen klaren ökumenischen Charakter hat.

87 Hier beschreibt Howard das Schicksal von Heinrich Rendtorffs Sohn Klaus (1923–1945). Gemeinsam mit einem Schulfreund hatte Klaus Rendtorff eine gekürzte Fassung einer Predigt des Bischofs von Münster gegen die Ermordung von Menschen mit Behinderungen durch das nationalsozialistische Regime an seiner Schule verteilt. Daraufhin waren beide 1942 festgenommen und zeitweise im Konzentrationslager Sachsenhausen inhaftiert worden. Stiftung Brandenburgische Gedenkstätten: Presseinformation 14/2021, Oranienburg, 18. April 2021: Gedenkstätte und Museum Sachsenhausen. <https://www.below-sbg.de/fileadmin/user_upload/Gedenkstaetten/Stiftung/Pressemitteilungen/2021/PDF/14_Jahrestag-Sa.pdf>.

88 Von 1934–1945 war Rendtorff Mitglied der Bekennenden Kirche. Linck, Anfänge, Bd. 2, S. 450.

89 Dieses Konzert des Städtischen Orchesters unter der Leitung von Paul Belker war Teil der Kieler Herbstwoche 1947. Es fand im Großen Saal des Gewerkschaftshauses statt. Neben Beethovens 1. Sinfonie in C-Dur, standen Hindemiths Konzert für Violine und Orchester (193a) und Brahms' 4. Sinfonie in e-Moll. Presseamt der Stadt Kiel, Programmheft Septemberwoche Kiel im Aufbau/Programme of the September Week »Rebuilding Kiel« (Kiel: Presseamt der Stadt Kiel, 1947), S. 15, StaK, 48777.

90 Weiter unten scheint sich Howard in Bezug auf Hindemith entweder zu widersprechen oder die Abfolge, in der die Stücke aufgeführt wurden, verwechselt zu haben.

(3) Hindemiths Violinen-Konzert war schrecklich modern. Der junge, brillante Solist legte sich im Sinne des Wortes mit Leib und Seele ins Zeug. Es war bemerkenswert, aber ich denke nicht, dass ich es noch einmal hören möchte![91]

Mittwoch, der 17. September 1947

7.30 [morgens] Studentischer Gottesdienst.
Prof. Rendtorff holte mich mit seinem Auto ab. Sein Sohn fuhr. Der Sohn (26 Jahre alt)[92] bog gefährlich in Richtung eines steilen Gefälles ab[,] und sein Vater protestierte. Ich erzählte ihm [Heinrich Rendtorff], dass ich selbst zwei Söhne habe[93] und solche Erfahrungen gewohnt war. Der Vater schaute immer noch ernst drein. Der Sohn erkannte den Witz.

Der Gottesdienst fand in einer kleinen Kirche unter dem Turm einer großen zerstörten Kirche statt. Ich war zum ersten Mal in einer prot. [protestantischen] Kirche. Der Altar hatte eine schmale und rundliche Form, drapiert mit einer Art viktorianischem seidenartigem Altartuch. Eine große Bibel lag geöffnet auf dem Altar und dahinter ein weißes Kreuz aus Elfenbein.

Eine Glocke mit einem neuartigen Klang, die ich jeden Morgen um 7.30 gehört hatte, wurde geläutet.

Nachdem gemeinsam einige Worte gesprochen worden waren[,] sangen sie unisono zu einer sehr schönen Melodie ein Kirchenlied oder Psalm. Der Gesang ist deutlich, ausdrucksstark, in exzellenter Stimmlage und genauer Notierung. Die Bibel wurde ab dem 1. Kor.

---

91 In der Originalfassung des Tagebuchs schrieb Howard diese Aufzeichnungen fälschlicherweise im Eintrag zur Oper »Fidelio« am 15. September 1947 (S. 11) und jene zur Oper unter denen zu diesem Konzert (S. 15). Anhand von Howards Vermerken im Text wurde diese Verwechslung in dieser Ausgabe korrigiert. Die diesbezüglichen Anmerkungen wurden jedoch nicht übernommen.

92 Aller Wahrscheinlichkeit nach handelt es sich hier um Rolf Rendtorff (1925–2014), der zu jener Zeit Theologie studierte und später Professor für Theologie an der Universität Heidelberg wurde. Als er Howard im September 1947 traf, war Rolf Rendtorff jedoch nicht 26, sondern 22 Jahre alt.

93 Howard und seine Ehefrau Ethel Marjorie Howard (geborene Corfield, 1891–1977) hatten zwei Söhne: Richard Corfield Howard (1915–2001) und Anson Bryan Howard (1918–1999).

[Korinther] 7 gelesen.[94] »Freigelassener des Herrn, Sklave Christi«. Dann Gebete, deren Thema ich gerade eben folgen konnte. Dann ein Kirchenlied zur Melodie des S. P. [Sonntagspsalms] »Stille Nacht«.

Ich fühlte große christliche Freude darüber, die Möglichkeit zu diesem einen Gebet[95] in Kiel zu haben. Es wurde von einem Studenten geleitet, der Geburtstag hatte, und zu dessen Ehre sie danach freudig ein Kirchenlied oder irgendeinen Gruß in der Vorhalle sangen.

Irgendwie fühlte ich mich dadurch noch wahrhaftig britischer, dass ich mich selbst als Christ erfahren hatte!

Auf dem Heimweg verlief ich mich beinahe, konnte aber gerade noch die knallroten Dächer der Herberge gegenüber der Kantine erkennen[.]

10[.00 morgens] – 12[.00 mittags]. Propst Lorentzen und Pastor Plath[96]

Propst Lorentzen ist ein scheinbar zufriedener Pastor von 65 Jahren mit einem strahlenden Gesicht – sehr christliches Erscheinungsbild – weiße Haare, dünn, etwas gebeugt, aber ein reger Erzähler und sprechfreudig. Wie mit Prof. Rendtorff, verstanden wir uns von Anfang an blendend – [...][97]

Wir verglichen unzählige Familienbeschreibungen und Erlebnisse – Er hat 2 Söhne und 4 Töchter. Ein Sohn und zwei Schwiegersöhne kamen im Krieg ums Leben. Seine Wohnung wurde zerstört[,] und sie mussten sieben Mal umziehen. Jedes Mal begann seine Ehefrau beständig aufs Neue. Am Freitag zeigte er mir das geräumte Grundstück, auf dem einst sein stattliches »Pastorat« und Garten standen.

Er ist der R. D. (Prot)[98] [evangelische Bischof] von Kiel – Er war an der großen St. Nikolaikirche im Stadtzentrum, der historischen Stadt-

94 Der erste Brief an die Korinther, Kapitel 7.

95 Im Original schrieb Howard den verbleibenden Teil dieses Abschnitts auf S. 15 nieder. Gemäß seinem Vermerk, wurde dieser Teil hier (im Original S. 16) angefügt. Der Vermerk wurde nicht übernommen.

96 Von 1939 bis 1980 war Adolph Nicolaus Konrad Plath (1910–1985) Pastor der Kieler Vicelin-Gemeinde.

97 Im handschriftlichen Original findet sich an dieser Stelle die Anmerkung »(For Pr Plath see p 25.)«, die hier nicht übernommen wurde, da sich auf S. 25 kein entsprechender Eintrag befindet.

98 Johannes Lorentzen war evangelischer Bischof von Kiel. Während »Prot« die Abkürzung für »Protestant« (evangelisch) ist, bleibt es unklar, was Howard mit der Abkürzung »R. D.« ausdrücken wollte.

kirche – Seine Kirchengemeinde ist weit verstreut[,] und ihr Gottesdienst findet nun in einem kleinen überfüllten Saal, der für 200 Besucher ausgelegt ist, statt –

Wir sprachen viel über die Lage der deutschen Bevölkerung, Reparationen, Demontage von Industrieanlagen – Er hat zweifellos Angst vor der völligen sittlichen und spirituellen Zersetzung der deutschen Bevölkerung, insbesondere unter jungen Menschen, die an ihrer Zukunftslosigkeit verzweifeln – Sie werden eine schwärende Wunde im[99] Herzen Europas sein.[100]

Ich gab mein Bestes, um die Gefühle der englischen Bevölkerung zu erklären – ihre Ängste um die Sicherheit Europas vor einem deutschen Überfall in ferner Zukunft – ihre aktuellen Verwicklungen mit Russland – ihr Mitgefühl mit dem Leid der deutschen Bevölkerung –

Wir waren uns darüber einig, dass es wichtig ist, dass die Kirchen über die Freunde von C[oventry] und K[iel][101] Bescheid wissen – Das Treffen der Kirchen war das erste Treffen der Aufbau-Woche gewesen[102] – Wir verständigten uns darauf zu versuchen, Christen in Briefkontakt miteinander zu bringen –

Zum Abschied gab ich ihm ein Paket Kaffee – »Von einer tapferen Ehefrau aus Coventry an eine tapfere Ehefrau in Kiel«[.]

2.30 [nachmittags] – 6.0[0 abends] Kieler Hafenrundfahrt[103]
Das war eine bemerkenswerte Entdeckungsfahrt mit einem Dampfschiff, das durch den Hafen hindurch auf die offene Ostsee hinaus-

99 Der nachfolgende Teil dieses Eintrags, der sich im Original auf S. 35 befindet, ist hier gemäß Howards Anmerkungen eingefügt worden (S. 17 im Originaldokument). Howards Vermerk hingegen wurde nicht übernommen.

100 Lorentzen opponierte gegen die alliierten Demontagepläne und brachte seine Bedenken sogar gegenüber dem britischen Gouverneur Anfang September 1947 zum Ausdruck. Johannes Lorentzen an [Hugh Vivian Champion de Crespigny], 3.9.1947; Andreas Gayk an Johannes Lorentzen, 10.9.1947, LKANK, 16.20.0, Nr. 761.

101 Hier weicht Howard in seiner sonstigen Benutzung der Abkürzung »F.C.K.« für die Gesellschaft der Freunde Coventrys ab. An dieser Stelle deutet der Kontext daraufhin, dass er hier ebenfalls die Association of Friends of Kiel meinte.

102 Zuvor hatten allerdings bereits vier Veranstaltungen stattgefunden. Presseamt der Stadt Kiel, Programmheft Septemberwoche Kiel im Aufbau/Programme of the September Week »Rebuilding Kiel« (Kiel: Presseamt der Stadt Kiel, 1947), S. 13, StaK, 48777.

103 Das Dampfschiff fuhr bis zum Bülker Feuerschiff an der Einfahrt zur Kieler Förde hinaus und wieder zurück in den Hafen. Momentaufnahmen von der Kieler Septemberwoche/Snapshots of the Kiel September Week. In: Mitteilungen der Gesell-

fuhr, um ein Feuerschiff herum und wieder zurück. Zahlreiche Mitglieder des Stadtrats und Amtsträger waren genauso an Bord wie O.B. [Oberbürgermeister] Gayk.

Es ist ein wunderschöner Hafen. Wir sahen die etwas eigenartigen U-Boot- und Marinemahnmale[104], und unzählige Wracks in allen Größen, Lagen und Eintauchtiefen. Interessante Gespräche mit Dr. Mecklenberg[105] [*sic*], einem Ex-Konsul in Japan – Gerade erst von der Nazi-Schuld entlastet! – Seinem Verhalten nach erinnert er mich an einen hochgewachsenen Dr. Brafit[106] – Ein guter Dolmetscher.

Ebenso mit einer Amtsträgerin, Leiterin des Bildungsdezernats,[107] bemüht Kontakte zu knüpfen.

Ähnelt Miss Michell.[108]

Ein gutes Gespräch mit Gayk, in dem ich betonte, wie sehr ich hoffte, dass trotz der jahrhundertelangen Entfremdung der Sozialisten von der Kirche in Deutschland aufgrund ihrer Machtstellung sowohl die Kirchen demokratischer und christlicher als auch sich die Arbeiterklasse stärker an die Kirche annähern würden. Könnten nicht die F.C.K. diesem Prozess zuträglich sein[?] Er stimmte von Herzen zu.

---

schaft der Freunde Coventrys/Journal of the Society of Friends of Coventry 2 (15.10.1947), S. 15, StaK, 7543. Zur Zerstörung des Kieler Hafens im Krieg: Bohn und Oddey, U-Bootbunker, S. 46–74.

104 Howards Bemerkungen beziehen sich sowohl auf das U-Boot-Mahnmal in Möltenort als auch auf das Marineehrenmal in Laboe. Ein Leitartikel im auflagenstärksten britischen Fotomagazin »Picture Post« vom Oktober 1945 verglich das Laboer Ehrenmal mit »dem Turm eines Ungetüms von U-Boot, das über die deutsche Küste wacht«. Chisholm, Kiel, S. 10.

105 Howard hat hier offenbar den Namen Dr. Mechlenburg falschgeschrieben, eventuell wegen einer Verwechslung mit einer anderen Person. Dr. Mechlenburg war der Leiter des Übersetzungsbüros der Stadt Kiel. Dr Mechlenburg an Mr Hirst, 13.10.1947, StaK, 52909. Es existiert jedoch ein Brief eines katholischen Pfarrers B. Mecklenburg aus Hamburg-Rahlstedt in Howards Akte. B. Mecklenburg and Richard T. Howard, 21.7.1948, CCA, PA2506/28/2/11. Jener Pfarrer hatte 1946 auf Howards Weihnachtsgrüße nach Hamburg über die BBC geantwortet. Gröpler, Engel, S. 23–24.

106 Die Identität dieser Person konnte nicht geklärt werden.

107 Vermutlich sprach Howard entweder mit Käthe Kühl oder mit Thomasine »Toni« Margarete Jensen (1891–1970).

108 Obgleich ihr Nachname anders geschrieben wird, könnte es sich hier um einen Vergleich mit Maria Mitchell (1818–1889), der ersten amerikanischen Astronomin handeln, die weithin als »Miss Mitchell« bekannt war.

6.30 [abends] – 11.0[0 nachts] Abendessen im Oxford House[109] und Orchesterkonzert

Das »Oxford House« ist die Messe der C.C.G. in Kiel, ehemalige Marinegebäude. Im Erdgeschoss befanden sich Korridore mit Türen zu weiteren Räumen auf beiden Seiten.

Ich ging dort auf Einladung von Marjorie Kaye hin, die alle in Kiel nur mit ihrem zweiten Vornamen »Francis« ansprechen. Dann traf ich eine Reihe junger C.C.G. Mitarbeiter und Karl[,][110] den Pastor der Kirchengemeinde in Preetz. Die Unterhaltung während des Abendessens drehte sich um die deutsche Gesinnung und das deutsche Wesen. »Hier gibt es keine Nazis!,« ließen die Angehörigen der C.C.G. verlauten. Dennoch schienen sie keine Kriegsschuld oder Verantwortung zu spüren. Sie kamen mir so vor, als ob sie einerseits mitleiderregend begierig waren, die Deutschen zu verstehen und sich mit ihnen anzufreunden, sich andererseits aber überaus der Lücken in der seelischen Auffassung und der charakterlichen Schwächen bewusst waren.[111]

Wir besuchten danach das gleiche Konzert wie am Abend zuvor.[112] Es schien aber doppelt so heiß zu sein. Ich war müde, und ich fürchte, es gefiel mir bei weitem nicht so gut!

11[.00 nachts] – 12.0[0 nachts] Ende der Dinnerparty in der Messe. Ich kehrte vom Orchesterkonzert gegen Ende der großen Abendgesellschaft zu Ehren von Gayk und anderen Spitzenleuten zurück.

Im Wesentlichen führte ich ein ziemlich einseitiges Gespräch mit einem etwas jungen Offizier der R.A.F., der ein wenig, nur ein wenig gesprächig vom Alkohol war, und mir in einer ernsten, schleppenden Sprechweise in sehr gut formuliertem Englisch erzählte, dass die R.A.F.-Einheit in Kiel die Wahl dieser Woche als Woche der F.C.K. angesichts des Gedenktags der Luftschlacht um England [Battle of

109 Der genaue Standort des Oxford House konnte nicht bestimmt werden.

110 Karl Heinrich Kobold (1894–1975) war von 1945 bis 1961 Pastor in Preetz vor den Toren Kiels und zugleich Propst in der benachbarten Stadt Plön.

111 Eine derartige Ambivalenz gegenüber der deutschen Bevölkerung war unter britischen Militärangehörigen weit verbreitet. Knowles, Peace, S. 31–44.

112 In der Tat besuchte Howard das gleiche Konzert wie am Vorabend im Großen Saal des Gewerkschaftshauses. Presseamt der Stadt Kiel, Programmheft Septemberwoche Kiel im Aufbau/Programme of the September Week »Rebuilding Kiel« (Kiel: Presseamt der Stadt Kiel, 1947), S. 17, StaK, 48777.

Britain][113] am 15. Sept[ember] für unangemessen hielt. Er hatte die am stärksten ausgeprägte anti-deutsche Einstellung, die mir während der Woche begegnete, mit all den üblichen Argumenten zur Rechtfertigung.

Donnerstag, der 18. September 1947

10[.00 morgens] – 12.30 [mittags] Rundfahrt durch Kiel
Eine Wagenkolonne bestehend aus Vorsitzenden des Stadtrats, der Presse und uns ging auf eine ziemlich umfassende Stadtrundfahrt – durch die am schlimmsten zerbombten Teile der Stadt, hinüber zum Hafen nahe der Werften, wo einst 15.000 Männer arbeiteten und jetzt nur noch 4.000 auf einer Abwrackwerft –

Überall ist die Verwüstung von großer Tragweite, die Zerstörung absolut[114] –

Es gab zwei erleichternde Merkmale – ein winziges Backsteinhaus, das ein Mann aus Trümmerziegeln gebaut hatte und das sehr hübsch anzusehen war – eine kleine Schweizer Kirche aus Holz und Beton, die die Schweiz gestiftet hatte[115] – Durchaus schön auf eine einfache Art und Weise – An der Stirnseite des Betonaltars prangte das XP[116] Zeichen – Während ich vor dem Altar stand, erbat ich das Privileg, ein Gebet sprechen zu dürfen, das mir umgehend erteilt wurde, sodass ich das Vaterunser Satz für Satz auf Englisch sprach, von meinem Dolmetscher übersetzt – Es wurde stillschweigend zugehört, und ich hoffe, einige stimmten ein –

113 Die Luftschlacht um England (Battle of Britain) dauerte vom 13. August 1940 bis ins Frühjahr 1941. Der 15. September 1940 markierte ihren Höhepunkt.

114 Zu Kiel im Luftkrieg: Boelck, Kiel; Dallmann und Jensen, Meldungen.

115 Neben Kirchen beteiligten sich Freiwilligenorganisationen aus der Schweiz, Großbritannien, Dänemark, Schweden oder den Vereinigten Staaten an humanitärer Hilfe für die Bevölkerung in der britischen Besatzungszone. Graham-Dixon, »moral mandate«, S. 208.

116 Im handschriftlichen Originaldokument fügte Howard hier eine Zeichnung des Christusmonogramms (Chi-Rho) ein. Das Symbol wurde nicht übernommen.

4.15 [nachmittags] – 5.45 [nachmittags] Nachmittagstee bei Prof. Rendtorff.

Das war so ziemlich der Höhepunkt meines Kiel-Besuchs – Sie leben in einem Wohnraum, der zugleich als Küche, zum Arbeiten, Essen und für alles dient – Mir wurde Frau R[endtorff][117] vorgestellt, eine liebenswerte ältere Frau, der ich als ein Akt christlicher Nächstenliebe von Marjorie[118] etwas Kaffee und Zucker schenkte – Es [das Geschenk] wurde herzlich in Empfang genommen – Im Wohnzimmer reihte sich die ganze Familie[119] vom jüngsten bis zum ältesten Mitglied samt einer alten Tante auf – ein Junge im Alter von 16,[120] ein Mädchen namens Ursula im Alter von 19, ein Mädchen von ungefähr 21 Jahren, ein junger Mann im Alter von 26 Jahren, der die Pastorenausbildung durchläuft[121] – Zum Tee nahmen wir Platz, und tauschten in höchst angenehmer Atmosphäre und mit viel Vergnügen Neuigkeiten über unsere Familien aus – Ursula gab mir für Ruth[122] ihre Adresse – Ich erzählte ihnen von der Melodie des Kirchenlieds »Ye that have spent«, woraufhin mir Dr. R. [Rendtorff] ein Buch mit vielen deutschen Kirchenliedern mit englischer Übersetzung zeigte, von denen mir viele bekannt waren – So sangen wir gemeinsam »Lobe den Herren, den mächtigen König der Ehren«. Als ich ihnen davon erzählte, dass ich während des Kriegs oft das Vaterunser auf Deutsch gebetet hatte, zeigte sich Dr[.] R[endtorff] tief beeindruckt, und der junge Sohn zeigte mir die Karte des Anglo-German Fellowship,[123] die er besaß und die ich benutzte.

117 Hedwig Rendtorff (geborene Besser, 1892–1972) heiratete Heinrich Rendtorff 1919.

118 Howard bezieht sich hier höchstwahrscheinlich auf seine Frau Ethel Marjorie Howard. Es kann jedoch nicht vollständig ausgeschlossen werden, dass er von seiner Tochter Marjorie Howard (1916–verstorben) schreibt.

119 Hedwig und Heinrich Rendtorff hatten gemeinsam neun Kinder.

120 Wahrscheinlich handelte es sich hier um Trutz-Gotthilf Peter Rendtorff (1931–2016), der in die Fußstapfen seines Vaters trat und später zum Professor für Systematische Theologie an der Ludwig-Maximilians-Universität in München berufen wurde.

121 Wie schon zuvor bezieht sich Howard hier auf Rolf Rendtorff, der zu jenem Zeitpunkt 22 und nicht 26 Jahre alt war.

122 Ruth Howard (1923–verstorben) war eine von Richard Howards Töchtern.

123 Zwischen 1935 und 1939 förderte die britische Organisation Anglo-German Fellowship enge Kontakte zwischen Großbritannien und Deutschland. Seine Partnerorganisation, die Deutsch-Englische Gesellschaft, verfolgte dieses Ziel auf deutscher Seite. Es ist nicht klar, auf welche der beiden Organisationen sich Howard hier bezieht. Daher wurde der Name der englischen Organisation in der deutschen Übersetzung belassen.

Ich erzählte ihnen, wie sehr sich Ruth amüsieren würde, wenn ich[124] ihr erzählte, dass der deutsche Begriff für Physiotherapie [englisch Physio Therapy] Krankengymnastik [Schreibung im Originaldokument: Cranken-Gymnastics (*sic*)] ist (wie Propst Lorentzen mir erklärte) und dass Crankie im Englischen »halbverrückt« bedeutet.[125]

6.0[0 abends] – 8.0[0 abends] Festakt der Freunde Coventrys.[126]
Eine große Versammlung der 800 Mitglieder der F.C.K. – Der Vorsitzende, Herr Koch[127] [...][128], bat den Bürgermeister von Coventry [George Briggs], eine Rede zu halten. Der richtete einen großartigen Aufruf an die Jugend. Dann sprach ich. Siehe Manuskript.[129] Dann [folgte] Spencer[130], der sie [die Zuhörerinnen und Zuhörer] erheiterte, indem er sagte »Mir wurde aufgetragen, mich kurzzufassen. Als Gewerkschafter gebe ich zu bedenken, dass dies in Form einer Rücksprache und nicht als Anweisung hätte erfolgen sollen.« Er rief zu Gerechtigkeit auf, die überall auf der Welt die gleiche Geltung besitzt.

124 Der nachfolgende Teil dieses Satzes, der sich im Originaldokument auf S. 20 befindet, wurde hier gemäß Howards Vermerk eingefügt. Howards Anmerkung hingegen wurde nicht übernommen.

125 Heute bedeutet »cranky« im Englischen gemeinhin »launisch« oder »gereizt«.

126 Die Veranstaltung der Gesellschaft der Freunde Coventrys fand im Großen Saal des Gewerkschaftshauses statt. Presseamt der Stadt Kiel, Programmheft Septemberwoche Kiel im Aufbau/Programme of the September Week »Rebuilding Kiel« (Kiel: Presseamt der Stadt Kiel, 1947), S. 59, StaK, 48777. Seltsamerweise erwähnt Howard mit keinem Wort, dass er, Briggs und Spencer während der Versammlung zu Ehrenmitgliedern der Gesellschaft der Freunde Coventrys ernannt wurden. Zu Ehrenmitgliedern der Gesellschaft der Freunde Coventrys/The Honorary Membership of the Society of Friends of Coventry. In: Mitteilungen der Gesellschaft der Freunde Coventrys/Journal of the Society of Friends of Coventry, 2 (15.10.1947), S. 12, StaK, 7543.

127 Von März bis Oktober 1946 war Willi Friedrich Gustav Koch (1903–1968) Kieler Oberbürgermeister. Koch war Gründungsmitglied der Christlich Demokratischen Union und Mitherausgeber der »Kieler Nachrichten«.

128 Die Anmerkung »(see next p)« wurde nicht aus dem Originaltext übernommen.

129 Das erwähnte Redemanuskript findet sich weder im Originaltagebuch noch in der dazugehörigen Archivakte. Dort enthalten sind lediglich ein handschriftlicher Entwurf »An Address by Provost R.T. Howard to Christians in Kiel«, o.D., sowie eine undatierte und unbetitelte maschinengeschriebene Mitschrift von Gayks Rede beim Treffen der Gesellschaft der Freunde Coventrys in englischer Übersetzung. CCA, PA2506/28/2/11.

130 Wilfred Spencer (1909–1977) war Vorsitzender des Gewerkschaftsbundes in Coventry.

Dann [folgte] ein einstündiger Vortrag eines gewissen Prof. Weber[131], ein liebenswerter alter Mann, sehr kompliziertes Deutsch, deklamierte energisch eine Art Gesellschaft für die Vereinten Nationen [im englischen Original U.N.A./United Nations Association][132][,] Vortrag folgte etwas altmodischen Argumentationslinien, gegen Machtpolitik. Da das Gesagte die Fähigkeiten meines Dolmetschers überstieg, verstand ich nur sehr wenig.

Offensichtlich verfügen die F.C.K. in Kiel über eine solide und zahlreiche Mitgliederschaft.[133]

Sie [die Gesellschaft der Freunde Coventrys] bemühen sich sehr um weitere Besuche aus Coventry und sind dazu bereit, Fahrkarten ab der deutschen Grenze zu zahlen – Sie würden sich über Jugendliche, Kinder, Urlauber etc. freuen – Die[134] Schwierigkeit wäre dabei sprachlicher Natur – Sofern unserer Gruppe nicht Dolmetscher zur Verfügung gestellt worden wären, hätten wir große Schwierigkeiten gehabt – Keine zukünftige Gruppe kann die Bereitstellung von Dolmetschern erwarten –

Die gleiche Notwendigkeit ergäbe sich für Besucher aus K[iel] in C[oventry] – Wir könnten niemals genug Dolmetscher bereitstellen – Nur englischsprachige Deutsche wären von Nutzen.

---

131 Alfred Weber (1868–1958), der jüngere Bruder des weithin bekannten Soziologen Max Weber (1864–1920) war Professor für Wirtschaftswissenschaften und Soziologie an der Universität Heidelberg. Der Titel von Webers Vortrag lautete »Der neue internationale Nationalismus und der moderne Staat«. Zum Inhalt des Vortrags: Zur Kritik des Staates und seiner Souveränität/Criticism of the State and Its Sovereignty. In: Mitteilungen der Gesellschaft der Freunde Coventrys/Journal of the Society of Friends of Coventry 2 (15.10.1947), S. 11–14, StaK, 7543.

132 Die »United Nations Association« ist eine Nichtregierungsorganisation, die sich international für die Ziele der Vereinten Nationen in deren Mitgliedsstaaten einsetzt.

133 »Etwa 1.000 Personen aus allen Teilen der Bevölkerung nahmen« an der konstituierenden Versammlung der Gesellschaft der Freunde Coventrys am 3. April 1947 teil, wie deren Hauspostille berichtete. Gründung der Gesellschaft der Freunde Coventrys/Foundation of the Society of Friends of Coventry. In: Mitteilungen der Gesellschaft der Freunde Coventrys/Journal of the Society of Friends of Coventry 1 (1.5.1947), S. 1–2, StaK, 7543.

134 Die nachfolgenden Zeilen dieses Eintrags befinden sich im Originaldokument auf S. 48 und wurden hier gemäß Howards Kommentaren eingefügt. Howards Anmerkungen wurden jedoch nicht übernommen.

8.30 [abends]–10.30 [abends] Feier bei Herrn Koch.
Herr Koch ist ehemaliger Oberbürgermeister und ein Gentleman – Alle mögen ihn, und die C.C.G. vertraut ihm – Wir besuchten ihn zuhause, trafen Frau Koch,[135] eine reizende Frau Ende 30, und aßen wunderbare Schnittchen mit Tomaten auf herzhaftem Gemüse und dazu Kaffee –

Die meiste Zeit verbrachte ich mit Pastor Haupt[136], einem seltsamen[,] ungehobelten Pastor, der einen »Orden« vor allem für junge Menschen gegründet hat. Seine Satzung und Regeln hatte man mir zugesandt. Es klingt nach einer Mischung aus Iona[137], den Franziskanern, im protestantischen Gewand. Seine Bestimmung liegt darin, die jungen Menschen zu lehren, den Vater Christi in einem wahren Pietismus zu erfahren, ihn aber in seiner äußersten Zweckmäßigkeit im Gemeinschaftsleben zu verwirklichen – [...][138] Viele betrachten ihn als Sonderling, aber ich kam nicht umhin zu denken, dass er vielleicht etwas sehr Wertvolles in unheimlich schwierigen Zeiten besitzt.

Sprach auch mit dem Herrn Präsidenten der deutschen Reg. [Regierung] von Schleswig-Holstein [Hermann Lüdemann], einem vornehmen älteren Mann mit Bart – Die Frage des moralischen und spirituellen Wiederaufbaus bewegte ihn zutiefst[.]

Freitag, der 19. September 1947

9.30 [morgens] – 10.45 [morgens] Rundgang mit Pastor Lorentzen
Er zeigte mir einige ausgebombte Kirchen und eine Schweizer Baracke, in der seit vier bis acht Monaten täglich 1.000 Kinder in Gruppen verpflegt werden –

Dann ging es zu seiner herrlichen St. Nikolaikiche, die, wie er sagt, im 13. Jahrhundert erbaut wurde – Innen komplett zerstört und die

---

135 Gertrud Else Minna Amalie Koch (geborene Sievers).

136 Fritz Julius Joseph Haupt (1885–1969) war von 1940 bis zu seiner Pensionierung 1953 Pastor in der Kieler St. Jürgen-Gemeinde.

137 Wahrscheinlich bezieht sich Howard an dieser Stelle auf die Iona Community, eine 1938 in Schottland gegründete ökumenische Gemeinschaft.

138 Da sich das im Text erwähnte Dokument weder im Originaldokument noch in der Archivakte befindet, wurde der Verweis auf S. 24 des Tagebuchs »See the Constitution« nicht übernommen.

Trümmer nicht geräumt – Er gab mir einen Stein aus der Kirche, um ihn in die Kapelle der Einheit [Chapel of Unity] zu stellen[139] – Wir gingen dann zu dem kleinen Saal oder Gebetsraum, wo seine Gemeinde Gottesdienste abhält, und dort betete ich gemeinsam mit ihm eine Zeit lang in Stille – Auf den Altären stehen Blumen in Vasen – Das Erscheinungsbild ist ein wenig düster –

Dann traf ich seine Ehefrau[140] und Tochter bei Tee und Gebäck – Seine Ehefrau ist eine ältliche Dame mit einem strahlenden Gesicht, die mich mit gütiger Freude anstrahlte – Die Tochter war in einer Familie in Irland gewesen.

10.45 [morgens]–12.0[0] [mittags] Rundgang mit Pastor Haupt
Rev. [Reverend] Trewin[141][,] der Offizier für Religionsangelegenheiten [Originaltitel: Religious Affairs Officer] [,][142] begleitete mich auf diesem Rundgang – Er ist ein wenig zurückhaltend und zynisch gegenüber den Deutschen und, obgleich [er] ihnen gegenüber freundlich [auftritt], scheint [er] nicht viel von ihnen zu halten.

Pastor Haupt führte mich zu seiner riesigen zerstörten Kirche[143], an deren Rückwand er eine kleine Kirche erbaut hat, die sehr hübsch und sicher aussieht – obgleich auch düster! – Dann besichtigten wir das Grundstück, auf dem er plant, die Baracken für seine Siedlung aufzustellen, direkt neben der Kirche, sodass Gemeindemitglieder dort täglich beten können.

Trewin erzählte mir, dass ein Pastor, der von diesem deutschen (prot) [protestantischen] Bischof überprüft und als Ordenspriester

139 Hier handelt es sich um den »Kieler Stein« (»Kiel Stone«), der noch heute im Archiv der Kathedrale von Coventry verwahrt wird. Coventry Cathedral, The Nations and Peace. The Kweilin Marble, the Ebony Crucifix and the Kiel Stone, Coventry Cathedral Pamphlets No. 3 (Coventry: Coventry Cathedral, n.d.), S. 6–8, MS 2329/ENG/9/9/6/154–169. © Sir Basil Spence Archive. Courtesy of Historic Environment Scotland.

140 Es handelt sich um Margarete Lorentzen.

141 Es konnten keine weiteren biografischen Informationen zu Reverend Trewin ermittelt werden. Howard hatte bereits vor seinem Besuch in Kiel mit Trewin Kontakt aufgenommen. Richard J.C. Gutteridge an Richard T. Howard, 5.8.1947, CCA, PA2506/25/2/11.

142 Zur Abteilung für Religiöse Angelegenheiten der CCG(BE) (Religious Affairs Branch): Howson, Britain.

143 Howard besuchte die St. Jürgenkirche.

zugelassen worden war, Kriegsverbrechen in Belgien überführt worden war![144]

Dann ging es zu ihm [Haupt] nach Hause, wo wir [Howard und Trewin] seine dritte Ehefrau und zwei kleine Mädchen[145] trafen, die sehr dünn und blass und wachsartig aussahen, aber verspielt und herzig [waren].

Pastor Haupt scheint sich seiner Herde hinzugeben und sagte, sie gebe sich ihm ebenso hin – Wie all die anderen Deutschen, die wir trafen, sprach er sehr frei über sich selbst! – Trotzdem mochte ich ihn –

1.30 [nachmittags] – 6.0[0] [abends] Rundfahrt um die Seen. Schleswig[-]Holstein [ist] teilweise von wunderschönen Seen bedeckt – wir sahen uns diese an – Froh, dass ich zeitweise der Zerstörung entkam –

Sehr sehenswerte Landschaft – sehr bewaldet – Straße von Bäumen gesäumt – eher monoton –

Die großen Seen waren wie Miniaturen unserer Seen ohne Berge[146] – Wir hielten einige Male wegen der Aussicht – An einer Stelle eröffnete sich ein vorzüglicher Ausblick entlang einem Tal zwischen sonnenbeschienenen Buchenstämmen l[inks] und ruhenden schwarzbunten Kühen r[echts] – Dahinter eine Kapelle, aber ihr Inneres war ziemlich hässlich und bedrückend –

Durch Preetz[147] zum Malenter See[148], und weiter zum »Schloss« des Grafen von Irgendwas von 1750[149] – Dort erzählte mir unser Dolmetscher, dass seine Eltern in einer Gaskammer ermordet worden waren – Er war ein jüdischer Flüchtling der Vorkriegszeit – kämpfte im Krieg – geht jetzt zum Jurastudium nach Oxford –

---

144 Der genaue Fall, von dem Trewin hier spricht, konnte nicht eindeutig ermittelt werden.

145 Die Identitäten dieser Personen konnten nicht geklärt werden.

146 Aufgrund seiner Seen, Hügel und Wälder wird dieser Teil Schleswig-Holsteins auch als die Holsteinische Schweiz bezeichnet.

147 Die Kleinstadt Preetz liegt südöstlich von Kiel.

148 Ein Malenter See existiert nicht. Die Gemeinde Malente liegt zwischen zwei Seen, dem Kellersee und dem Dieksee.

149 Dabei könnte es sich entweder um das Eutiner Schloss oder Gut Güldenstein, ein Herrenhaus 25 Kilometer östlich von Malente, das bis heute im Besitz des Hauses Oldenburg ist, handeln.

Traumhafter Nachmittagstee in einem Hotel mit Blick über den See und Heimfahrt mit 90 kmh = 60 mph[.]

Samstag, der 20. September 1947

9.30 [morgens] – 11.[00] [morgens] Schlussbetrachtungen mit Mitgliedern der CCG und anderen.

Capt. Thompson versammelte uns, um ihn und Cowie und den Offizier für Politische Angelegenheiten[150] und den Offizier für Öffentlichkeitsarbeit[151] zu treffen – Wir fragten ihn [Thompson], ob wir ihn in irgendeiner Weise in Verlegenheit gebracht hätten[,] und er sagte nein – Hielt er die F.C.K. für eine gute Sache[?] – Ja – Welche Form sollten sie annehmen [?] – wie politisch[?] –

Wir sprachen über die deutsche Lage[152] [...].

Er [Thompson] hoffte, dass wir etwas unternehmen könnten, um die kürzlich in der »Daily Mail« und dem »Express« veröffentlichten verleumderischen Artikel über die C.C.G. zu konterkarieren[153] –

Wir sagten, wir würden alles in unserer Kraft Stehende tun – die BBC [British Broadcasting Corporation] zu beeinflussen, seine [Thompsons] Rundfunksendungen über die CCG in England auszustrahlen – durch das Verteilen von CCG-Pamphleten – durch die Presse in Coventry und andere Kanäle –

150 Howard könnte sich hier auf Capt. Ryder beziehen.

151 Die Identität dieser Person konnte nicht geklärt werden.

152 Im Originaldokument fügte Howard an dieser Stelle (S. 29) einen Verweis (»as set out on p 39, 40«) ein, der sich auf den Abschnitt »Die deutsche Sichtweise« auf S. 39–41 bezieht. Die Anmerkung wurde hier nicht übernommen. Der Teil »Die deutsche Sichtweise« befindet sich in dieser Ausgabe am Ende der Sektion »Allgemeine Bemerkungen«.

153 Die britische Militärregierung verließ sich beim Regieren und der Verwaltung der britischen Besatzungszone teilweise auf das »moralische Mandat« britischer Kirchen und Freiwilligenorganisationen. Graham-Dixon, »moral mandate«, S. 193–213. Der Hinweis auf kritische Presseberichterstattung über die britische Militärregierung könnte sich auf Anschuldigungen der Korruption und des Diebstahls von Kunst und Möbeln im Schloss Bückeburg gegenüber höheren britischen Offizieren beziehen. Dazu u.a.: Greenhough, Spotlight, S. 1. Zu diesen und anderen Anschuldigungen: Knowles, Peace, S. 45–63; Cowling, Germans, S. 227–230.

Wir versuchten auf unzureichende Art und Weise, unseren[154] Dank für die großzügige Gastfreundschaft auszudrücken[.]

11[.00 morgens] – 12.30 [mittags] Verabschiedung im Rathaus.
Zum letzten Mal versammelten wir uns im Empfangszimmer des Oberbürgermeisters – Ich traf eine deutsche Dame[155], die am Abend zuvor gesprochen hatte und mit der ich Ansichten zur Sozialdemokratischen Partei und christlichen Kirchen ausgetauscht hatte – Wir stimmten darin überein, dass Hass zerstört, nur Liebe erschafft[.] Sie fand es schwierig, die Nazis nicht zu hassen.[156]

Gayk gab mir eine Unmenge Früchte »aus dem Garten des Oberbürgermeisters« und dem Bürgermeister [Briggs] und Spencer ein Erinnerungsbuch –

Dann auf den hohen Turm,[157] um einen Blick über ganz Kiel zu werfen –

Letzte Segenswünsche und Händeschütteln – Ich sagte, ich hoffe, dass in schlechtem Wetter gesäte Freundschaft in schönem Wetter aufblühen möge.

Auf unserem Rückweg besuchten wir eine Bibliothek zur Bildung der Deutschen in britischen Dingen[158] –

2.15 [nachmittags] – 4.15 [nachmittags] Heimreise.
Von Kiel nach Hamburg.

Eine lange zweistündige Fahrt zurück über Neumünster entlang der Strecke, auf der wir kamen – Wieder monotone Alleen, aber wunderschöne und bewaldete Landschaft –

Hamburg furchtbar zerstört[159] – Kiel in größerem Ausmaß – Hohe Schuttberge entlang den Straßenseiten –

---

154 Der verbleibende Teil dieses Satzes befindet sich im Originaldokument auf S. 29 und wurde hier eingefügt.

155 Die Identität dieser Person konnte nicht geklärt werden.

156 Die Identität dieser Person konnte nicht geklärt werden.

157 Howard meint hier den Rathausturm.

158 Das ist ein Bezug auf den Kieler Ableger der 50 Britischen Informationszentren (British Information Centres), die die britische Militärregierung zwischen 1946 und 1949 in ihrer Besatzungszone unterhielt. Kurz nach ihrer Eröffnung wurden sie in »Die Brücke« umbenannt. Prawitt, Kulturleben, S. 102–103; Jürgensen und Garms, Briten, S. 149.

159 Hamburg, S. 35–103.

Zum Reichoff [*sic*] Hotel[160] – Für britisches Personal – ausgezeichnete Lage = Gegenüber dem Hauptbahnhof – [Der] Gepäckwagen hatte auf dem Weg eine Panne und kam gut 2 Stunden nach uns an –

Abschied von Capt[.] Thompson –

Schrieb Tagebuch – Abendessen – Abendessen auf dem Zimmer mit Blick auf die Verwüstung – Bett –

Um 4.30 [morgens] aufgestanden – Vorzügliches Frühstück um 5.15 [morgens] – Zug 6.0[0 morgens].

Von Hamburg nach Hook schrieb Tagebuch in Hannover – Hannover schrecklich zerstört[161, 162]

Allgemeine Bemerkungen[163]

Kiel[164]

Die Stadt ist fürchterlich verwüstet – wie ein in alle Richtungen ausgedehntes Stadtzentrum von Coventry – 30 % der Gebäude sind komplett zerstört – Aber es erscheint eher wie 70 %[165] – Schuttberge entlang allen Straßenseiten – die Häuser sind alle viel größer als in Coventry, und es gibt viele Mietshäuser – Die meisten von ihnen sind zerstörte und ausgebrannte Gerippe – Im Wohnviertel ist nahezu jedes Haus ausgebrannt oder zerstört – Überall ausgemergelte Ruinen, die so aussehen, als ob sie jeden Moment einstürzen würden – Bloß die Mauern stehen noch –

---

160 Höchstwahrscheinlich übernachtete Howard im Reichshof Hotel in der Kirchenallee 34–36.

161 Hannover, S. 250–278.

162 Im Originaldokument ließ Howard die S. 32–34 unbeschrieben.

163 Diese Überschrift ist nicht Teil des Originals, sondern wurde in dieser Ausgabe eingefügt. Sie markiert den Beginn des Abschnitts am Ende des Tagebuchs, in dem Howard allgemeine Bemerkungen zu seinem Kiel-Besuch macht.

164 Im Originaldokument befindet sich der Abschnitt zu »Kiel« auf S. 37. Da Howard keinerlei weitere Angabe oder Querverweis auf einen anderen Abschnitt machte, wurde dieser Eintrag in den Teil »Allgemeine Bemerkungen« eingebaut.

165 Insgesamt war Kiel zu 78 % entweder zerstört oder beschädigt. Schleswig-Holstein, S. 3. 34,7 % der Gebäude waren beschädigt und 40,1 % zerstört. Lediglich 25,2 % aller Gebäude in Kiel waren unversehrt geblieben. Dallmann und Jensen, Einleitung, S. 15.

Es gibt jedoch einen kleinen Prozentsatz an Gebäuden, die intakt oder instandgesetzt und bewohnt [sind] – Die Bäume entlang der Straßenseiten gedeihen und verbergen ziemlich viel von der Trostlosigkeit –

Die Architektur besteht aus einer üblichen Mischung aus Modernem und »Viktorianischem«, mit gewissen undefinierbaren Unterschieden zu britischen Gebäuden –

Geschäfte sind rar und scheinen schlecht sortiert zu sein[166] –

Die Verwüstung lässt den Stadtraum merkwürdig weit und offen erscheinen –

Die Menschen in Kiel[167]

Insgesamt erscheinen die Menschen mutlos und ernst und düster. In der Regel können sie ihre ungenügenden Rationen mit etwas zusätzlicher Nahrung aufbessern[168] – Sie sind der englischen Bevölkerung nicht unähnlich, was die Kleidung und das Auftreten angeht, es gibt jedoch plötzliche Überraschungen – Männer in kurzen Hosen, Kinder barfuß, Frauen in helle Farben oder »einheimische« Trachten gekleidet[169] – allgemeine Apathie – Die Kinder sind sehr hellhäutig, aber blass, und ihre Augen wirken schwer.

Die meisten jungen Männer haben langes glattes Haar, viele wallendes – die alten Männer rasieren sich häufig die Haare und sind glatzköpfig – aus Gründen der Reinlichkeit ≠ Kühle –

---

166 Innerhalb der britischen Besatzungszone war Schleswig-Holstein besonders hart von dem vorherrschenden Mangel an Lebens- und Konsumgütern betroffen. Graham-Dixon, Occupation, S. 126–172.

167 Der Abschnitt »Die Menschen in Kiel« befindet sich auf S. 38 des Originaldokuments. Da Howard keinerlei weitere Angabe oder Querverweis auf einen anderen Abschnitt machte, wurde dieser Eintrag in den Teil »Allgemeine Bemerkungen« eingebaut.

168 Die Versorgungskrise mit Nahrungsmitteln führte dazu, dass die niedrigen täglichen Zuteilungen von ca. 1.000 Kalorien pro Erwachsener im Herbst 1946 zu Protesten führten. Am 14. April 1947 demonstrierten zwischen 50.000 und 70.000 Kielerinnen und Kieler gegen den Hunger. Im Zeitraum vom 26. Mai bis 22. Juni 1947 betrug die durchschnittliche tägliche Zuteilung 143 g Brot (vier Scheiben), zwei Esslöffel Nährstoffe (35 g), eine kleine Tasse Magermilch, 4,5 g Käse, 14 g Fleisch und 4,5 g Fett. Stüber, Hungerjahre, S. 210.

169 Es ist nicht abschließend zu klären, ob Howard hier Trachten aus Kiel oder Schleswig-Holstein oder die Kleidung von Flüchtlingen aus den ehemaligen deutschen Ostgebieten meint. Andreas Kossert betont die starke visuelle Präsenz von Flüchtlingen in Schleswig-Holstein (Heimat, S. 71–77).

Die deutsche Sichtweise[170]

Vor allem begegneten wir Mitgliedern des Stadtrats und Führungskräften im Allgemeinen – Sie waren uns gegenüber sehr freundlich – bereit, offen zu sprechen – augenscheinlich stehen sie unter dem Eindruck[171] der Zerstörung, die ihre Stadt heimsuchte – sie konnten über wenig Anderes sprechen – sie schienen nicht das geringste Interesse an der Zerstörung anderer Länder oder besonders Englands zu haben – wenn sie uns fragten, ob Coventry Schaden erlitten hätte, und wir mit einer Schilderung antworteten, hieß es immer »Ah, aber nicht so schlimm wie Kiel«, und [sie] fuhren mit einer Beschreibung Kiels fort. Derartiges Verhalten gab es auch nach den Luftangriffen in Coventry, aber nicht so ausgeprägt. Es erinnert an den krankhaften Zustand eines kranken Mannes.

Offenkundig missfällt ihnen die britische Besatzung, und sie wollen frei sein. Sie stoßen sich an den Baumaterialien, insbesondere Beton, der auf britischen Flugplätzen verbaut wird, die nach der Kapitulation zunächst unbrauchbar gemacht, in einigen Fällen nun aber wieder instandgesetzt werden – Der Beton könnte für Bauvorhaben genutzt werden –[172]

Sie sind alle Nazi-Gegner[173] – Propst Lorentzen sagte, dass zum Zeitpunkt der Kapitulation ein vollständiger Umschwung gegen Nazismus (wie sie es nennen) stattfand – Vermutlich halten sich wahre Nazis bedeckt – Er [Propst Lorentzen] grämte sich, dass die Gelegenheit nicht genutzt werden konnte – Es scheint keine »Kriegsschuld« zu geben – Sie identifizieren sich mit dem Widerstand gegen das Hitler-Regime – Sie scheinen von uns zu erwarten, dass wir sie so behandeln, als ob sie stets dagegen gewesen seien und zu seinen Opfern zählten – Sie können nicht verstehen, warum sie »kontrolliert« werden müssen und weiterhin leiden.

---

170 Im Originaldokument befindet sich »Die deutsche Sichtweise« auf den S. 39–41. Da Howard keinerlei weitere Angabe oder Querverweis auf einen anderen Abschnitt machte, wurde dieser Eintrag in den Teil »Allgemeine Bemerkungen« eingebaut.

171 Im Originaldokument überschrieb Howard den bestimmten Artikel »the« mit dem unbestimmten Artikel »a«.

172 Die beschriebene Reaktion muss vor dem Hintergrund des allgemeinen Mangels an Wohnraum und Baumaterialien in der britischen Besatzungszone gesehen werden.

173 Meinungsumfragen in der deutschen Bevölkerung offenbaren ein ähnlich ambivalentes Bild deutscher Sichtweisen auf das NS-Regime und die britische Besatzung. Marshall, Attitudes, S. 655–684.

Unter uns [der Delegation aus Coventry] und der C.C.G. wurde all dies viel diskutiert. Einerseits kämpften diese Deutschen während des Kriegs auf Seiten der Nazis – Ihre Söhne töteten unsere – Können sie die Verantwortung für ihre Taten abschütteln[?] – Dürfen sie nicht erwarten, weiter für die gemeinschaftlichen Handlungen ihres Landes zu leiden[?] –

Könnte man ihnen als den Vertretern eines neuen deutschen Volkes, das, während es voranschreitet, niemals dem Militarismus verfallen würde, vertrauen[?] –

Andererseits[,] wussten sie von den bösen Taten ihrer Führer, den Konzentrationslagern, etc.[?] – Zwangen sie nicht Lebensumstände außerhalb ihres Einflusses zum Kämpfen[?] – Können sie dafür verurteilt werden, für ihr Land zu kämpfen, als der Krieg ausbrach[?] – Und, das ist ein wichtiger Punkt, zwischen 1933/35[174] und 1936[175] und sogar noch bis 1939[176][,] unterstützten wir Briten den antinazistischen Widerstand in Deutschland überhaupt in irgendeiner Form in seinem Kampf gegen das Nazitum[?] – Halfen nicht unsere Bankiers bei der Finanzierung von Nazismus und deutscher Wiederbewaffnung[?] – Waren nicht wir ängstlich oder zu apathisch, um ihnen zu helfen[?] – Sind wir somit nicht Teil ein und derselben Gruppe wie diese gegenwärtigen Anti-Nazis[?] – Letztlich sind die wirklich schuldigen Menschen, über deren Verantwortlichkeit für Kriegsverbrechen keinerlei Zweifel besteht, vor Gericht gestellt und verurteilt worden[177] –

174 Howards Handschrift lässt keinen klaren Schluss zu, ob er sich hier auf 1933 (das Jahr der Ernennung Adolf Hitlers durch Paul von Hindenburg zum Reichskanzler am 30. Januar 1933) oder 1935 bezieht. Im Jahr 1935 führte das Hitler-Regime Schritte zur Unterminierung des Versailler Vertrags wie die Wiedereinführung der Wehrpflicht oder die offizielle Ankündigung der Wiedereinführung der Luftwaffe durch.

175 1936 besetzten deutsche Truppen das zuvor entmilitarisierte Rheinland, was einen weiteren Verstoß gegen den Versailler Vertrag darstellte.

176 Offenkundig bezieht sich Howard hier auf die Phase unmittelbar vor Beginn des Zweiten Weltkriegs mit dem deutschen Überfall auf Polen am 1. September 1939. Großbritannien und Frankreich erklärten dem Deutschen Reich dann am 3. September 1939 den Krieg.

177 Howard meint hier die Nürnberger Prozesse, in denen die Alliierten vom 20. November 1945 bis zum 1. Oktober 1946 Hauptkriegsverbrechern in der bayerischen Stadt den Prozess machten.

LITERATURVERZEICHNIS

Ungedruckte Quellen

Coventry Cathedral Archives, Coventry [CCA]
PA2506/25/2/11

Historic Environment Scotland
MS 2329/ENG/9/9/6/154–169. © Sir Basil Spence Archive. Courtesy of Historic Environment Scotland.

Landeskirchliches Archiv der Nordkirche, Kiel [LKANK]
LKANK, 16.20.0, Nr. 761.

Stadtarchiv Kiel, Kiel [StaK]
StaK, 7543
StaK, 33672
StaK, 48777
StaK, 52909
StaK, P II/64/19470916/i.

Gedruckte Quellen

Boelck, Detlef: Kiel im Luftkrieg. Tagebuch des Alarmpostens Detlef Boelck, eingeleitet von Jürgen Plöger. Kiel 1980.

Chisholm, Martin: Kiel. Graveyard of the German Navy. In: Picture Post (6.10.1945), S. 10–13.

Gallup, George (Hg.): The Gallup International Public Opinion Polls. Great Britain 1937–1975, 2 Bde. New York 1976.

Greenhough, Richard: Spotlight on a Prince's Fabulous Castle. In: Daily Mail (8.7.1947), S. 1.

Howard, Richard Thomas: Ruined and Rebuilt. The Story of Coventry Cathedral, 1939–1962. 4. Aufl. Coventry 2022.

Howard, Richard Thomas: The Story of the Destruction of Coventry Cathedral, 14th November 1940. Coventry 1941.

Klemperer, Victor: The Language of the Third Reich. LTI – Lingua Tertii Imperii. A Philologist's Notebook, übersetzt von Martin Brady. London 2000.

Klemperer, Victor: LTI. Notizbuch eines Philologen. Nach der Ausgabe letzter Hand herausgegeben und kommentiert von Elke Fröhlich, 24., völlig neu bearbeitete Ausgabe. Stuttgart 2010.

Presseinformation 14/2021, Oranienburg, 18. April 2021: Gedenkstätte und Museum Sachsenhausen. <https://www.below-sbg.de/fileadmin/user_upload/Gedenkstaetten/Stiftung/Pressemitteilungen/2021/PDF/14_Jahrestag-Sa.pdf>.

Protests in Kiel. In: The Times (8.12.1948), S. 4.

Spence, Basil: Phoenix at Coventry. The Building of a Cathedral. London 1962.

Darstellungen

Bohn, Robert und Markus Oddey: U-Bootbunker »Kilian«. Kieler Hafen und Rüstung im Nationalsozialismus. Bielefeld 2003.

Carstens, Uwe: Die Flüchtlingslager der Stadt Kiel. Sammelunterkünfte als desintegrierender Faktor der Flüchtlingspolitik. Marburg 1992.

Connor, Ian: Refugees and Expellees in Post-war Germany. Manchester 2007.

Cowling, Daniel: Don't Let's Be Beastly to the Germans. The British Occupation of Germany, 1945–49. London 2023.

Dallmann, Alina und Jürgen Jensen: Einleitung. In: »Geheim!« Meldungen vom Kieler Kriegsschauplatz. Die alliierten Luftangriffe in den Lageberichten des örtlichen Polizeipräsidenten 1940/45, hrsg. von Alina Dallmann und Jürgen Jensen. Husum 2020, S. 9–20.

Danker, Jörn: Die Kieler Woche im Wandel. Die Neugründung der Kieler Woche nach dem Zweiten Weltkrieg. Kiel 1990.

Deighton, Ann: The Impossible Peace. Britain, the Division of Germany and the Origins of the Cold War. Oxford 1990.

Demshuk, Andrew: Citizens in Name Only. The National Status of German Expellees, 1945–53. In: Ethnopolitics 5 (2006), S. 383–397.

Dopheide, Renate: Gedenkstätten zur Erinnerung an die Opfer des Nationalsozialismus in Kiel und Umgebung. In: Mitteilungen der Gesellschaft für Kieler Stadtgeschichte 77 (1991–94), S. 141–208.

Dies.: Kiel, Mai 1945. Britische Truppen besetzen die Kriegsmarinestadt. Kiel 2007.

Erdmann, Heinrich: Großbritannien als »großer Lehrmeister der Demokratie«. Hermann Lüdemann am 28. Februar und 5. August 1947 über die »Vorläufige Verfassung des Landes Schleswig-Holstein« vom 12. Juni 1946. In: Zeitschrift der Gesellschaft für Schleswig-Holsteinische Geschichte 149 (2024), S. 215–244.

Erlenbusch, Timo: Kiels Städtepartnerschaften. Die kommunale Außenpolitik der Stadt Kiel von der frühen Nachkriegszeit bis ans Ende der Neunzigerjahre. Kiel/Hamburg 2022.

Fischer, Rolf: Hermann Lüdemann und die deutsche Demokratie. Neumünster 2006.

Fulbrook, Mary und Ulinka Rublack: In Relation. The »Social Self« and Ego-Documents. In: German History 28 (2010), S. 263–272.

Gassert, Philipp: Bewegte Gesellschaft: Deutsche Protestgeschichte seit 1945. Stuttgart 2018.

Goebel, Stefan: Commemorative Cosmopolis. Transnational Networks of Remembrance in Post-War Coventry. In: Cities into Battlefields. Metropolitan Scenarios, Experiences and Commemorations of Total War, hrsg. von Stefan Goebel und Derek Keene. Farnham 2011, S. 163–183.

Graham-Dixon, Francis: The Allied Occupation of Germany. The Refugee Crisis, Denazification and the Path to Reconstruction. London 2013.

Ders.: A »moral mandate« for Occupation. The British Churches and Voluntary Organizations in North-Western Germany, 1945–1949. In: German History 28 (2010), S. 193–213.

Grieser, Helmut: Reichsbesitz, Entmilitarisierung und Friedensindustrie in Kiel nach dem Zweiten Weltkrieg. Kiel 1979.

Ders.: Wiederaufstieg aus Trümmern (1945 bis in die Gegenwart). In: Geschichte der Stadt Kiel, hrsg. von Jürgen Jensen und Peter Wulf. Neumünster 1991, S. 401–456.

Gröpler, Helmut: Die Engel hielten den Atem an. Das Nagelkreuz von Coventry; Geschichte und Geschichten. Berlin 1992.

Hamburg. In: Kriegsschicksale Deutscher Architektur. Verluste – Schäden – Wiederaufbau. Eine Dokumentation für das Gebiet der Bundesrepublik, hrsg. von Hartwig Beseler und Niels Gutschow, 2 Bde. Neumünster 1988. Bd. 1, S. 35–103.

Hannover. In: Kriegsschicksale Deutscher Architektur. Verluste – Schäden – Wiederaufbau. Eine Dokumentation für das Gebiet der Bundesrepublik, hrsg. von Hartwig Beseler und Niels Gutschow, 2 Bde. Neumünster 1988. Bd. 1, S. 201–327.

Hasselmann, Karl-Behrnd (Hg.): Kirche in Kiel. 750 Jahre Kiel. 750 Jahre St. Nikolai. Neumünster 1991.

Hertz, Helge-Fabien: Evangelische Kirchen im Nationalsozialismus. Kollektivbiografische Untersuchung der schleswig-holsteinischen Pastorenschaft. 3 Bde. Berlin 2022.

Howson, Peter: Britain and the German Churches 1945–1950: The Role of the Religious Affairs Branch in the British Zone. Woodbridge 2021.

Jensen, Jürgen und Karl Rickers (Hg.): Andreas Gayk und seine Zeit 1893–1954. Erinnerungen an den Kieler Oberbürgermeister. Neumünster 1974.

Jürgensen, Kurt und Gerhard Garms: Die Briten in Schleswig-Holstein 1945–1949. Aus nächster Nähe beobachtet und mit Erinnerungen versehen vom Kieler Filmproduzenten und Kameramann Gerhard Garms. Neumünster 1989.

Knowles, Christopher: Winning the Peace. The British in Occupied Germany, 1945–1948. London 2017.

Kossert, Andreas: Kalte Heimat. Die Geschichte der deutschen Vertriebenen nach 1945. München 2008.

Kurki, Allan: Operation Moonlight Sonata. The German Raid on Coventry. Westport 1995.

Lambourne, Nicola: War Damage in Western Europe. The Destruction of Historic Monuments during the Second World War. Edinburgh 2001.

Laucht, Christoph und Tom Allbeson: Urban Internationalism. Coventry, Kiel, Reconstruction and the Role of Cities in British-German Reconciliation, 1945–1949. In: Urban History 51 (2024), S. 683–708.

Linck, Stephan: Neue Anfänge? Der Umgang der Evangelischen Kirche mit der NS-Vergangenheit und ihr Verhältnis zum Judentum. Die Landeskirchen in Nordelbien, 2 Bde. Kiel 2016.

Marshall, Barbara: German Attitudes to British Military Government 1945–47. In: Journal of Contemporary History 15 (1980), S. 655–684.

Martens, Holger: Zur Rolle von Andreas Gayk in der Kommunal- und Landespolitik 1945–1954. In: Mitteilungen der Gesellschaft für Kieler Stadtgeschichte 79 (1995–99), S. 241–76.

Prawitt, Torsten: Kieler Kulturleben in der Trümmerzeit 1945–48. Kiel 1986.

Rosenplänter, Johannes: Dimensionen der Zerstörung. Schadenserfassung und Schadensbilanz. In: Luftkrieg und »Heimatfront«. Kriegserleben in der NS-Gesellschaft in Kiel 1939–1945, hrsg. von Doris Tillmann und Johannes Rosenplänter. Kiel 2020, S. 150–165.

Schleswig-Holstein. In: Kriegsschicksale Deutscher Architektur. Verluste – Schäden – Wiederaufbau. Eine Dokumentation für das Gebiet der Bundesrepublik, hrsg. von Hartwig Beseler und Niels Gutschow, 2 Bde. Neumünster 1988. Bd. 1, S. 1–33.

Schnoor, Paul: Jensen, Herbert Friedrich. Architekt, Stadtbaurat, Professor für Städtebau. In: Kieler Lebensläufe aus sechs Jahrhunderten, hrsg. von Hans-F. Rothert. Neumünster 2006, S. 167–169.

Schuegraf, Oliver: The Cross of Nails. Joining in God's Mission of Reconciliation, übersetzt von Gren Hatton. Norwich 2012.

The Story of the Cross of Nails, <https://www.coventry.anglican.org/the-story-of-the-cross-of-nails.php>.

Stüber, Gabriele: Kieler Hungerjahre 1945–1948. Teil 2. Politische, wirtschaftliche und soziale Auswirkungen der Ernährungskrise. In: Mitteilungen der Gesellschaft für Kieler Stadtgeschichte 69 (1983–1985), S. 205–238.

Taylor, Frederick: Coventry. Thursday, 14 November 1940. London 2015.

Tillmann, Doris: »Zerstörtes Kiel«. Ein Bilderzyklus von Hans Rickers. In: Luftkrieg und »Heimatfront«. Kriegserleben in der NS-Gesellschaft in Kiel 1939–1945, hrsg. von Doris Tillmann und Johannes Rosenplänter. Kiel 2020, S. 166–171.

Trentmann, Frank: Out of the Darkness. The Germans 1942–2022. London 2023.

PERSONENREGISTER

Zerstörte Nikolaikirche am Alten Markt, um 1946.
Stadtarchiv Kiel Sig. 75.569

Provost Howard (vorne links) mit dem britischen Permierminister Winston Churchill in der Ruine der Kathedrale von Coventry am 28. September 1941.
Wikipedia

Kiel – Coventry. The Beginning of a Friendship

Sonderveröffentlichungen der
Gesellschaft für Kieler Stadtgeschichte
herausgegeben von Rolf Fischer
Band 102

KIEL – COVENTRY. THE BEGINNING OF A FRIENDSHIP

Provost Howard's Visit to Kiel in 1947

Edited and translated into German
by Christoph Laucht

Ludwig

Bibliografische Information der Deutschen Nationalbibliothek
Die Deutsche Nationalbibliothek verzeichnet diese Publikation in der Deutschen Nationalbibliografie; detaillierte bibliografische Daten sind im Internet über https://portal.dnb.de abrufbar.

Holtenauer Straße 141, 24118 Kiel
Tel.: 0431-85464
Fax: 0431-8058305
info@verlag-ludwig.de
www.verlag-ludwig.de

Titelbild: Provost Richard Howard (li.) und Coventrys ehemaliger Bürgermeister George Briggs (re.) während des Besuchs der Kieler Woche 1947. Landesarchiv Schleswig-Holstein, Abt. 2003.2 Nr. 2113.

Gedruckt auf säurefreiem und alterungsbeständigem Papier
Printed in Germany

ISBN 978-3-86935-485-9

ACKNOWLEDGEMENTS

First and foremost, I would like to thank the Coventry Cathedral Archives for granting me permission to publish Provost Richard Howard's diary. Special thanks are also due to Dr Tom Allbeson (Cardiff University), who brought this source to my attention during a joint research project on town twinning, reconciliation and reconstruction in Europe after 1945. The assistance and support from several archivists were crucial for completing this edition. Dianne Morris (Coventry Cathedral Archives) provided crucial guidance and assistance throughout this process. Dr Katrina Legg and Emily Hewitt from Swansea University's Richard Burton Archives offered practical advice. Dr Georg Wilhelm (Diözesanarchiv Osnabrück), Ulrich Stenzel (Landeskirchliches Archiv der Nordkirche Kiel) and the Coventry Archives helped to track down biographical information, while Julia Liedtke (Landesarchiv Schleswig-Holstein), Christoph Freitag and Hans-Henning Freitag from the Kiel City Archives (Stadtarchiv Kiel) located photographs and provided document scans. Sarah Scouller (Coventry Cathedral) supplied photographs, and the Revd Mary Gregory (Coventry Cathedral) kindly penned a foreword. Additional thanks are due to Dr Timo Erlenbusch (Stadtarchiv Olpe) and Dr Suzanne Cavell. The research seminar of the Department of History, Heritage and Classics at Swansea University provided a stimulating environment for discussing key aspects of this project. Finally, I thank Rolf Fischer, Susanne Kalweit and Dr Martin Rackwitz, for publishing Provost Howard's diary in the book series of the Gesellschaft für Kieler Stadtgeschichte (Kiel History Society).

Christoph Laucht

PREFACE

The "Gesellschaft für Kieler Stadtgeschichte" is celebrating its 150th anniversary in 2025! Not only are we one of Kiel's oldest societies, we are also one of the largest city history societies in Germany. To mark the occasion, we have put together a very varied, quite ambitious, but definitely interesting programme for 2025. It traces the development of the historical society since 1875 and builds a bridge to questions about our current and future work. The history of our city and the work of the "Gesellschaft für Kieler Stadtgeschichte" are very closely related.

Kiel's reconstruction after 1945 marks a turning point in our urban history: In the destroyed city, it was not only necessary to create a new social and economic start, but also to form the foundations of a democratic society. In the context of this task, the founding of the "Society of Friends of Coventry" was of great importance: first cautious understanding, then a friendly connection – this was the path to the first German-British city friendship in post-war Germany. Coventry and Kiel, both badly hit by the war bombing, sought ways of reconciliation and found paths to a common future, overcoming internal and external differences and thus connecting people – at that time the basic features of the democratic motivation of many. They still are today and will remain so.

We would like to thank Prof. Dr. Christoph Laucht from Swansea University/Wales for his initiative and his comprehensive work: The diary of Provost Howard from Coventry, written during his visit to Kiel in 1947, now published for the first time in its entirety and translated into German, is a powerful document of the connection between the two cities and their people after the Second World War. This story is fascinating. It is thus a formative contribution to the

anniversary year of our society. We would also like to take this opportunity to thank Dr. Martin Rackwitz for his extensive support.

Historical research should not be a field for escaping difficult questions of the present, so an escapist look back should be avoided. History is always an acute mission to understand our community, to learn with and from it and thus to shape our future, and the "Gesellschaft für Kieler Stadtgeschichte" has been fulfilling this mission for 150 years.

Rolf Fischer
Chairman

FOREWORD

At Coventry Cathedral, we speak of Provost Howard every day; of how he first articulated our ministry of reconciliation; of his courage and vision in looking to a time of rebuilding even amidst the devastation of war.

Because Provost Howard is, for us, a prophet and a pioneer it can be all too easy to gloss over his vulnerability, his essential humanity, the personal cost of the work he undertook. This diary of his visit to Kiel reframes Dick Howard as a man who is brave and determined *despite* his essential reticence, his self-doubt, the overwhelm that he feels at the part he is called to play. Here, we encounter his full humanity; his gentleness, wit, frustrations and pointed observations.

The diary invites us to consider how such a man, how *any* of us, can exist amidst such horrors, as witness to such suffering, as Provost Howard encountered in Kiel. Following his example, it is perhaps to be able to relish such simple pleasures as are open to us, to capture moments of joy and of friendship. And so he is able to appreciate "a wonderful tea" as counterpoint to hearing how his interpreter's parents had died in a gas chamber. This is not to be indifferent to pain, but to find ways of self-care, to remember the gift of life that we work to recapture and to safeguard.

For those engaged in the work of reconciliation today, this diary also sets out an important principle that Dick Howard understood instinctively: that reconciliation might begin by revealing "what is" rather than by reaching towards what "might be". For him, this was expressed in theological terms where English and German alike reflect Jesus Christ. Despite the war, despite its painful aftermath, already these peoples are reconciled in Christ.

For people of any faith, or of none, laying the foundations of reconciliation on what is *already* shared remains an important principle: to remember and reiterate that, despite all that appears to divide us and hold us at enmity, there is so much more that we share.

The Revd Mary Gregory,
Canon for Arts and Reconciliation at Coventry Cathedral

INTRODUCTION

Merely two years after the end of the Second World War, Provost Richard "Dick" Thomas Howard of Coventry Cathedral embarked on a journey to Kiel. Together with Coventry's former mayor George Briggs and the Secretary of the Coventry Trades Union Council Wilfred Spencer, he travelled by rail, ship and automobile from the English Midlands to the Baltic Sea coast from 14 to 21 September 1947. At the time, Kiel was located in the British occupation zone of Germany. The visit followed an invitation from the Society of Friends of Coventry, a voluntary group around the Kiel Lord Mayor Andreas Gayk. Howard's trip not only marked a significant step in forging ties between Coventry and Kiel but contributed to reviving British-German relations shortly after the war.

Provost Howard's diary of that visit, which is published here for the first time in its entirety and translated from English into German, offers a unique window onto the history of Kiel, Schleswig-Holstein and the British occupation zone as well as the work of churches and voluntary organizations for British-German reconciliation after 1945.[1] Through the eyes of an outsider, it sheds a personal light on main themes and historical actors – both political, social and economic elites as well as the general population – in the British occupation zone prior to the foundation of the Federal Republic of Germany in 1949. Born in 1884, Howard studied theology at Cambridge University's Jesus College and was ordained in 1908. After serving with the Church Missionary Service in India and assignments in Birkenhead

1 Richard Thomas Howard, "Notes on Visit to Kiel Sept 14–21, 1947", n.d., CCA, PA2506/25/2/11. To date, only a few passages have been cited from Howard's diary: Gröpler, Engel, p. 27; Schuegraf, Cross of Nails, pp. 26–28.

and Luton, he was appointed Provost of Coventry Cathedral in 1933 where he stayed until 1958.

Given Howard's background and senior position in the Anglican Church, Christian principles of forgiveness and reconciliation guided many observations and reflections that he recorded in the notes of his visit to Kiel. He had already based his immediate response to the first-hand experience of the bombing of Coventry by the Luftwaffe on 14 November 1940 (codename: Operation Moonlight Sonata) that killed or injured several hundred people and laid waste to the cathedral on these values.[2] Within weeks of the raid, the British Broadcasting Corporation (BBC) transmitted a Christmas message of reconciliation and forgiveness by Howard worldwide over its Empire Service.[3] Subsequently, Coventry Cathedral came to symbolize hope, forgiveness, reconciliation and reconstruction.[4] The city of Coventry has since become a European centre of war commemoration.[5]

On the Kiel end, the Society of Friends of Coventry, which frequently features in Howard's diary in abbreviated form as "F.C.K.", shared a similar, albeit secular vision of reconciliation. The voluntary group was central to Howard's visit and establishing links between Kiel and Coventry.[6] Crucial for its foundation was the direct contact between Andreas Gayk and representatives of the British military government – officially called Control Commission for Germany (British Element), or CCG(BE). The Coventry native and Branch Officer for Building in Kiel, Gwillym Williams, prompted Gayk to take first steps towards forming the group. What particularly moved the lord mayor was Williams' selfless and pragmatic approach to help ease the plight of the war-stricken population of Kiel despite the horrendous

2 Schuegraf, Cross, p. 9. On Howard's description of the destruction of Coventry Cathedral: Howard, Story. This was later included in abridged form in Howard, Ruined. On Operation Moonlight Sonata: Lambourne, War, p. 99; Kurki, Operation; Taylor, Coventry.

3 Howard, Ruined, p. 45.

4 Coventry Cathedral was re-built and consecrated in 1962. Spence, Phoenix.

5 Goebel, Cosmopolis, p. 163.

6 On the role of the Society of Friends of Coventry and the context of Howard's visit: Laucht and Allbeson, Internationalism. On the relationship between Kiel and Coventry within the wider context of Kiel's town twinning activities: Erlenbusch, Städtepartnerschaften.

destruction that the German air force had inflicted upon his hometown. In January 1947, Gayk thus proposed fostering closer ties between the two cities in his seminal "Message to Coventry", which included plans for the formation of the Society of Friends of Coventry. Programmatically, the two cities' shared experience of the bombing war underpinned the bond between them. "If in future we speak of 'coventrating', it must mean cultivation of friendly relations between country and country", Gayk emphasized this point in his note. His semantic reversal of the verb "to coventrate" (coventrieren) later ranked amongst the chief aims of the Society of Friends of Coventry. Once fashioned by the National Socialist propaganda in the aftermath of Operation Moonlight Sonata to glorify the destruction of cities and international relations, the verb "to coventrate" was now intended to describe the creation of constructive links between cities and nations across borders.[7] Williams then conveyed the "Message to Coventry" to Briggs, then mayor of Coventry, who backed Gayk's proposals and responded by setting up an Association of Friends of Kiel in Coventry.[8] Ultimately, the Society of Friends of Coventry was launched in April 1947, with Gayk as its president.[9]

As one of the society's chief platforms for fostering international understanding and friendship, the 1947 Kiel September Week provided the immediate context for Howard's Kiel visit.[10] This was the first public instalment of the annual Kiel Week after the end of the

7 Andreas Gayk, Der Gruß an Coventry/Message to Coventry. In: Mitteilungen der Gesellschaft der Freunde Coventrys/Journal of the Society of Friends of Coventry 1 (1.5.1947), p. 8, StaK, 7543. On the genesis of the verb "coventrieren": Klemperer, Language, p. 131–132.

8 Briggs to Gayk, 18.1.1947, StaK, 33672; Kuchel to Briggs, 20.1.1947; Briggs to Kuchel, 26.2. 1946, StaK, 52909. G. Briggs, Der Gruß aus Coventry/Message from Coventry, In: Mitteilungen der Gesellschaft der Freunde Coventrys/Journal of the Society of Friends of Coventry 1 (1.5.1947), p. 9, StaK, 7543.

9 F. Wendel, Konstituierende Versammlung der Gesellschaft der Freunde Coventrys, 20.3.1947, StaK, 33672; "Gesellschaft der Freunde Coventrys". Feierlicher Gründungsakt im Kieler Gewerkschaftshaus. In: Kieler Nachrichten, 3.4.1947, StaK, 52909; Konstituierende Versammlung der Gesellschaft der Freunde Coventrys, n.d. StaK, 7543; Die Satzungen der Gesellschaft der Freunde Coventrys/Statutes of the Society of Friends of Coventry. In: Mitteilungen der Gesellschaft der Freunde Coventrys/Journal of the Society of Friends of Coventry 2 (15.10.1947), pp. 6–7, StaK, 7543.

10 Satzungen, p. 6.

Second World War.[11] Many of the events that Howard describes in his diary formed part of its official programme. Running from 15 to 20 September 1947, its theme of "Rebuilding Kiel" further promoted the Society of Friends of Coventry's commitment to the physical and psychological reconstruction of Kiel and its relations with Coventry. Each day was dedicated to a specific topic related to the principles of reconciliation and reconstruction: "Commemoration" (Monday), "Community" (Tuesday), "Peace" (Wednesday), "Youth and Future" (Thursday), "Women and Peace" (Friday) and "Joy" (Saturday).[12]

Since Howard visited Kiel upon the invitation of the Society of Friends of Coventry, it only seems logical that he, along with Briggs and Spencer, attended a "Festival of the Friends of Coventry" and frequently met with senior members of the group such as Andreas Gayk and Willi Koch, who formed part of Kiel's political and economic leadership. Lord Mayor Gayk was a key figure in the Social Democratic Party of Germany (SPD) at the city and state level as well as a personal friend of the SPD leader Kurt Schumacher.[13] Koch, Gayk's predecessor as lord mayor, was a member of the Christian Democratic Union and editor of the local newspaper "Kieler Nachrichten". At official functions Howard came across other city officials and local business leaders. His diary even mentions a meeting with Hermann Lüdemann (SPD), the first minister of Schleswig-Holstein.[14]

Alongside the Society of Friends of Coventry, Kiel City Council was heavily involved in the festivities around the stay of the Coventry delegation. In his diary, Howard notes how he, Briggs and Spencer attended a special meeting of Kiel City Council that featured speeches on international understanding and reconciliation by Gayk and

---

11 Launched in 1882, Kiel Week has consisted of international sailing regattas and cultural events. Between 1945 and 1947, the CCG(BE) held Kiel Week as a sailing event that was closed to the public. In September 1947, the first public Kiel Week after the war took place, consisting of cultural events only. Danker, Kieler Woche, pp. 116–117, 125–127.

12 Presseamt der Stadt Kiel, Programmheft Septemberwoche Kiel im Aufbau / Programme of the September Week "Rebuilding Kiel" (Kiel: Presseamt der Stadt Kiel, 1947), pp. 13, 15, 17, 19, 21, 23, StaK, 48777. For a detailed analysis of the 1947 Kiel September Week: Danker, Kieler Woche, pp. 125–136.

13 On Gayk: Jensen and Rickers (Ed.), Andreas Gayk; Martens, Rolle, pp. 241–276.

14 On Lüdemann: Fischer, Lüdemann; Erdmann, Großbritannien, pp. 215–244.

Delegation from Coventry attending Kiel Week 1947. From left to right: Secretary of the Coventry Trades Union Council Wilfred Spencer, Captain Donald Cowie, Provost Richard Howard and former Mayor George Briggs. Date: September 1947.
Photographer: Garms, Gerhard (1917-2001, Nordmark-Film).
Landesarchiv Schleswig-Holstein, Abt. 2003.2 Nr. 2113.

Briggs.[15] The bi-lingual "Journal of the Society of Friends of Coventry" (German title: "Mitteilungen der Gesellschaft der Freunde Coventrys") deemed the gathering so significant that it later dedicated a cover story to it under the headline "Two cities – One spirit of humanitarian friendship!".[16] But Howard was also present at the launch of the exhibition "Destruction – Clearing – Rebuilding" at

15 Niederschrift der Sitzung der Ratsversammlung am 16.9.1947, StaK, P II/64/19470916/i.

16 Zwei Städte – ein Geist humanitärer Freundschaft!/Two cities – One spirit of humanitarian friendship! In: Mitteilungen der Gesellschaft der Freunde Coventrys/Journal of the Society of Friends of Coventry 2 (15.10.1947), p. 1, StaK, 7543.

the city hall.[17] In his journal, he shows his appreciation for the inclusion of photographs of St Nikolai Church[18] and Coventry Cathedral in the exhibition.

With Kiel still under British occupation in September 1947, Howard describes numerous encounters with representatives of the CCG(BE), including Air Vice Marshal Sir Hugh Vivian Champion de Crespigny, the Regional Commissioner for Schleswig-Holstein, the Kreis Resident Officer for Kiel Group Captain Thompson, and Captain Donald Cowie, the military commander of Kiel. He also came across Reverend Trewin, the British Religious Affairs Officer.[19] Moreover, he visited one of the Die Brücke culture centres that the military government had set up in the British occupation zone to promote British culture and values.[20]

Yet, the diary also reveals that representatives of the military government sought assistance from the group from Coventry to give the British occupation regime a more robust "'moral mandate'" to defuse criticism back home in the United Kingdom. This had to do with bad publicity that the CCG(BE) had received through newspaper reports about alleged corruption among British officers, the poor handling of the growing refugee crisis, with Germans from the former German Eastern territories pouring into the British occupation zone, and local protests against Allied de-industrialization and de-militarization policies.[21] Therefore, members of the British military government met with Howard, Briggs and Spencer to discuss ways in which the three men could help improve the image of the CCG(BE) at home by talking to the BBC or the local Coventry press.

17 On the exhibition: Bilder von der Septemberwoche "Kiel im Aufbau"/Pictures: September Week "Kiel Rebuilding". In: Mitteilungen der Gesellschaft der Freunde Coventrys/Journal of the Society of Friends of Coventry 2 (15.10.1947), p. 16, StaK, 7543.

18 On the history of St Nikolai: Hasselmann, Kirche.

19 On the history and function of the Religious Affairs Branch: Howson, Britain.

20 Initially, *Die Brücke* institutes were called British Information Centres. Jürgensen and Garms, Briten, p. 149; Prawitt, Kulturleben, pp. 102–103.

21 Graham-Dixon, "moral mandate", p. 193. On the scandals: Cowling, Germans, pp. 227–230. Since Howard used the term "refugee" and there existed no clearly defined terminology until the West German Federal Expellee Law of 1953, the term "refugee" is used throughout the introduction and annotations in the diary. Connor, Refugees, pp. 20–23.

During his time in Kiel, Howard experienced many of these challenges facing the British occupation forces at first hand. On the final leg of his outward journey to Kiel, he had already learned about the widespread public opposition to Allied de-industrialization and de-militarization policies under the terms of the Potsdam Agreement that jeopardized a substantial section of Kiel's economic base. Events around the planned demolition of the Holsteinische Maschinenbau AG (HOLMAG), an amalgamation of several factories of the former Deutsche Werke AG and producer of diesel engines and locomotives, had escalated only days before his arrival in Kiel. When workers refused to observe an ultimatum to comply with the CCG(BE) orders on the partial dismantling of the HOLMAG plant, the Regional Commissioner de Crespigny ordered 100 British soldiers and 120 German police officers to occupy the HOLMAG works on 9 and 10 September 1947 and lock out the workers.[22] In the diary, Howard states that the protests had almost led to the cancellation of his Kiel visit, and that Gayk, who supported these and other protests against Allied de-industrialization measures, was under constant threat of arrest.[23]

Similarly, Howard witnessed the logistical challenges that the refugee crisis presented for the British military government when he visited refugee camps across Kiel.[24] In terms of the influx of refugees from the former German Eastern territories, Schleswig-Holstein was the worst affected Land in all three Western occupation zones. As a result of incoming refugees, the population of Schleswig-Holstein increased by some 73.1 %.[25] Howard comments on the crammed and poor living conditions of refugees in Nissen huts or the high number of tuberculosis cases amongst children. However, his experience of the refugee crisis in Kiel needs to be put into perspective. While refugees made up some 42 % of the entire population of Schleswig-Holstein by 1948, they only constituted some 14.3 % of Kiel's population

22 Grieser, Reichsbesitz, p. 99.

23 Later, Gayk also supported protests by workers against the plans by the British military authorities to demolish shipyards and other industrial plants on Kiel's eastern shore (Ostufer). See the coverage of these protests in the British media: Protests in Kiel. In: The Times (8.12.1948), p. 4.

24 Graham-Dixon, Occupation, pp. 126–172.

25 Kossert, Heimat, p. 33.

(34,632 persons).[26] Thus, the conditions that Howard saw were probably less severe than in worse-affected areas of Schleswig-Holstein. That is not to say that refugees in Kiel did not suffer, as comes clear in his diary.

As an Anglican cleric, Howard held frequent meetings with members of the local clergy during his stay. Besides Pastor Hermann Hermes, a Catholic priest and pastor primarius at Kiel's St Nikolaus parish, he mainly encountered Protestant clerics. These included the Bishop of Holstein Wilhelm Halfmann and the Provost of Kiel Johannes Lorentzen, who also held an appointment as pastor at St Nikolai Church and with whom and whose family Howard built a warm relationship during his stay.[27] In addition, Howard's journal mentions Pastor Fritz Haupt of Kiel's St Jürgen Church and Pastor Adolph Plath of Kiel's Vicelin parish as well as Pastor Karl Heinrich Kobold from the nearby town of Preetz. Howard also befriended the theologian Heinrich Rendtorff, a professor of applied theology and dean of the faculty of theology at Kiel University.[28]

In what would later emerge as one, if not *the* most iconographic ritual of the Kiel visit, Provost Howard gifted Propst Lorentzen with a "Cross of Coventry" at a meeting of religious dignitaries. This was the first "Cross of Coventry", a cross made of three nails from the medieval roof of the ruins of Coventry Cathedral, given to a German church.[29] Until the present day, this cross is on display in St Nikolai Church. In return, Lorentzen presented Howard with a stone from the ruins of St Nikolai Church (today known as "Kiel Stone").[30]

Closely connected to such Christian practices of reconciliation and forgiveness was remembrance of the war dead as another central

26 Grieser, Wiederaufstieg, p. 402.

27 Margarete Lorentzen, Provost Lorentzen's wife, sent Howard the obituary when her husband passed away in June 1949, along with a note that emphasized the message of reconciliation between Kiel and Coventry. Margarete Lorentzen to Richard T. Howard, [c. 5.6.1949], CCA, PA2506/25/2/11.

28 The two men remained in contact after Howard's 1947 visit to Kiel. See, for example, Rendtorff to Howard, 15. 9.1948, CCA, PA2506/28/2/11.

29 In 1948, a second cross of nails was given to Heinrich Rendtorff, then vice-chancellor (Rektor) of Kiel University. Gröpler, Engel, pp. 83, 87.

30 Coventry Cathedral, The Nations and Peace. The Kweilin Marble, the Ebony Crucifix and the Kiel Stone, Coventry Cathedral Pamphlets No. 3 (Coventry: Coventry Cathedral, n.d.), pp. 6–8, MS 2329/ENG/9/9/6/154–169. © Sir Basil Spence Archive. Courtesy of Historic Environment Scotland.

theme throughout Howard's visit. As part of the official programme of the 1947 Kiel September Week, he attended ceremonies to commemorate the war dead at the city hall and the British Commonwealth War Cemetery.[31] In private conversations, Howard also heard about the tremendous suffering that the Second World War and the National Socialist regime had inflicted upon people in Kiel. This comes through in his journal where he writes about his meetings with Professor Rendtorff, one of whose sons had been imprisoned in a concentration camp before he died on the Eastern front, or Propst Lorentzen ("One son killed in the war and two sons in law.").

Simultaneously, Howard was confronted with another major legacy of the war – ethical and moral questions of war guilt and coming-to-terms with the National Socialist past. The section on "The German Outlook" at the end of his diary, gives insight into the difficult questions that he, like many British people, faced and his ambivalence towards addressing them. While he expresses astonishment at a lack of empathy on the part of many people of Kiel for the destruction of Coventry and other British and European cities ("'Ah, but not so bad as Kiel'") or feelings of remorse ("There seems to be no 'war guilt'"), Howard reflects on the question as to whether Britons could and should have done more to prevent the National Socialist dictatorship from tightening its grip on Germany and Europe.

British military staff and officers often displayed similar degrees of ambivalence towards Germans and their entanglement with the National Socialist dictatorship.[32] Some of the officers whom Howard became acquainted with in the mess expressed deeply anti-German sentiment. Yet, others like Captain Cowie seemed to be more ambiguous in their views of Germans. Cowie, according to Howard, "still has little use for the Germans as such and their weakling attitudes". Yet, as other sources show, Cowie had a German girlfriend and was an honorary member of the Holstein Kiel football club.[33] Public opinion polls paint a similar picture. By January 1947, 42 % of respondents to a Gallup poll indicated that they felt "Friendly" "towards the German people as a whole" (as opposed to 36 % "Unfriendly" and 22 % "No

31 On the British Commonwealth War Cemetery: Dopheide, Gedenkstätten, pp. 155–157.

32 Knowles, Peace, pp. 31–44, 161–177.

33 Jürgensen and Garms, Briten, p. 85; Dopheide, Kiel, p. 115.

opinion"). Still, 43 % believed that Germany was more likely to turn into "an aggressor nation" than become "a peace-loving, democratic nation", with 23 % not sharing this view and 34 % undecided.[34]

Although it was likely to be unknown to Howard at the time, many members of the Kiel clergy who he came across had uneasy relationships with National Socialism. Pastor Plath had actively supported the National Socialist dictatorship both politically and within the Protestant Church. Pastor Haupt and Provost Lorentzen had expressed solidarity with the National Socialist regime. In 1936, Bishop Halfmann had published an anti-Semitic booklet entitled "Die Kirche und der Jude" (The Church and the Jew), whereas others like Karl Kobold had been partly conformist but had also suffered political reprisals.[35] Heinrich Rendtorff had initially joined the National Socialist German Workers' Party in 1933. But his membership had been annulled, and he had faced political pressure from the National Socialist dictatorship the following year.[36]

If the involvement of clerics with National Socialism was perhaps not easily detectable by an outsider like Howard, the scars that the war had left in Kiel's cityscape provided a seemingly omnipresent setting for his visit. In his "General Observations" at the end of the diary, Howard comments on the sheer level of destruction of Kiel ("The town is frightfully devastated – like a centre of Coventry extended everywhere"). Such a statement owed to the fact that the Allies bombed Kiel continually during the Second World War, destroying some 78 % of the city.[37] That Kiel was hit with a total bomb load of 30,000 tonnes made it the sixth worst bombed city in Germany behind Berlin (68,000 tonnes), Cologne (48,000), Hamburg (38,000), Essen (37,000) and Duisburg (31,000).[38] "The effect of the desolation is to give a curiously wide and open spaciousness to the city", Howard sums up his perception of the impact that the bombing war had on Kiel.

---

34 Gallup, Polls, Vol. 1, p. 148.

35 Hertz, Kirchen, Vol. 1, pp. 16, 236–241, 245, 332, 339. This ambivalence also had an impact on the role of German churches as moral guides in the immediate postwar period: Trentmann, Darkness, pp. 107–112.

36 Linck, Anfänge, Vol. 2, p. 450.

37 Schleswig-Holstein, p. 3.

38 Dallmann and Jensen, Einleitung, p. 15.

Alongside the physical devastation, the personal diary observes the severe socio-economic consequences of the Allied air raids. Over half of Kiel's population became homeless (c. 160,000), and every second job was lost.[39] To make matters worse, there was a general deprivation of food and other goods. Howard visited Kiel during the "hunger years" when daily food rations occasionally fell below 1,000 calories per adult.[40] While residents of Kiel "can mostly get some sort of extra food to their insufficient rations", he notes that "The people look grim and stern on the whole". Howard further reports that "shops are scarce and look poorly stocked". Since Schleswig-Holstein was hit particularly hard by these shortages, the latter observation is hardly surprising.[41]

Yet, amidst all the deprivation and destruction, Kiel's re-emerging cultural life and excursions offered Howard a welcome change ("Glad I got out of destruction for a while"). Together with Briggs and Spencer, Howard attended a performance of Ludwig van Beethoven's opera "Fidelio" ("Grand singing – artistic and interesting staging") at the Neues Theater (today: Schauspielhaus). The trio even saw the Kiel Municipal Orchestra put on a concert of works by Johannes Brahms, Paul Hindemith and Ludwig van Beethoven at the Trade Union Building twice. But Howard also joined a dinner hosted by British military staff and paid a visit to a party at former Lord Mayor Willi Koch's house. With the rest of the Coventry delegation, he embarked on a tour of Kiel harbour on board a steamer ("a most beautiful Harbour") or travelled by car to the lakes around the town of Malente in the hilly part of Schleswig-Holstein known as Holstein Switzerland (Holsteinische Schweiz).

As these and other examples demonstrate, the diary's particular value lies in its nature as an "ego-document", offering personal insight into key themes affecting contemporaries during the period that followed immediately after the end of the Second World War.[42] Owing to his background and function in the Anglican Church, Howard prioritized meetings with members of Kiel's clergy and addressed the

39 Dallmann and Jensen, Einleitung, p. 15.
40 Stüber, Hungerjahre, pp. 205–238.
41 Graham-Dixon, Occupation, pp. 126–172.
42 Fulbrook and Rublack, Relation, pp. 263–272.

question of war guilt through Christian moral principles and ethical values. Likewise, he brought humanitarian issues such as the plight of refugees or the undernourishment of Kiel's population to the fore and paid attention to the role that churches and voluntary groups like the Society of Friends of Coventry and the Association of Friends of Kiel played in work for British-German reconciliation. By contrast, Howard only makes cursory reference to more abstract and seemingly removed issues, especially the emerging Cold War and British policies towards Germany, in his diary.[43]

Throughout his journal, Howard comes across as a modest, humble, rational and analytic, yet not emotionally detached observer. His good sense of humour adds to this impression, when he describes mundane aspects of everyday life such as his first encounter with driving on the right-hand side of the road ("the feeling of head on collision all the time"), compares Captain Cowie's outward appearance to that of "a prize fighter" or alludes to a strong public relations element in his Kiel visit, citing the common request "Gentleman, please smile. Your photograph is being taken." Howard also refers to most of his family. Except for his youngest daughter Rachel, he mentions his other four children (Richard, Marjorie, Anson and Ruth) and his wife Ethel Marjorie Howard (née Corfield).

That Howard kept his diary retrospectively on his way home from Kiel to Coventry ("As I write this on train on Sept[ember] 21st"), as he reveals at several points in the text, adds some complexity to its value as a historical source. While his retrospective keeping of the diary enabled Howard to reflect on ongoing developments such as the tense political situation around the planned HOLMAG demolition, it might also have led to distortions or even omissions, thus affecting the accuracy and reliability of the document. This might explain why Howard, despite being present at the event, does not mention the award of honorary memberships of the Society of Friends of Coventry to him, Briggs and Spencer during the "Festival of Friends of Coventry", for example.[44] Curiously, according to his journal, How-

43 On British foreign policy: Deighton, Peace.

44 Zu Ehrenmitgliedern der Gesellschaft der Freunde Coventrys/The Honorary Membership of the Society of Friends of Coventry. In: Mitteilungen der Gesellschaft der Freunde Coventrys/Journal of the Society of Friends of Coventry 2 (15.10.1947), p. 12, StaK, 7543.

ard does not appear to have attended a talk on "Christianity and Politics" by Lord Pakenham, the Chancellor of the Duchy of Lancaster and Minister for Germany and Austria, at Kiel University on 19 September 1947.[45] Yet, in this case, it remains open whether the fact that he did not mention the lecture in his journal can be attributed to him not attending that event due to other engagements or whether he was in attendance and omitted it due to his retrospective diary keeping or for other reasons.

Finally, it is important to provide a brief editorial note on this edition of Provost Howard's handwritten diary. In this edition the pagination of the original document has been altered in line with Howard's annotations and cross-references in the original manuscript. Consequently, parts that were separated from each other in the original copy now feature in the same section. Editorial changes have been recorded in the footnotes. It has not always been possible to identify the biographical data for all persons mentioned in the diary. In general, the editor has attempted to keep the style of the diary as closely as possible to the original document, including in the German translation. The decision to proceed with this project as a bi-lingual edition in English and German followed in the spirit of what Andreas Gayk envisaged as "International Understanding between Cities".[46] Obviously, Provost Richard Howard supported such thinking.

45 Graham-Dixon, "moral mandate", p. 205.

46 Andreas Gayk, Die Gesellschaft der Freunde Coventrys: Völkerverständigung von Stadt zu Stadt. Der Informationsbrief, Teil A – Abschnitt I. Thema 5: Städte und Kreise, Beitrag 3 vom 2.5. 1947, StaK, 33672.

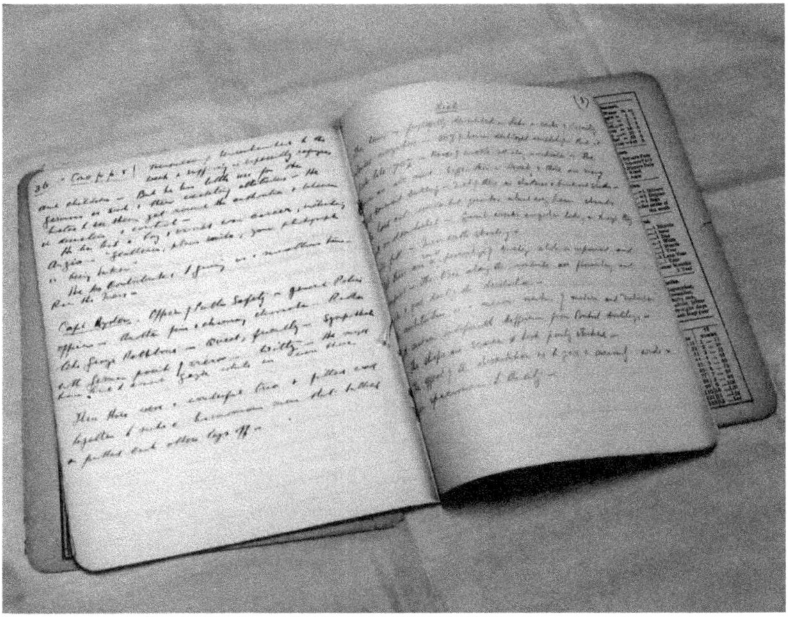

Provost Howard's diary.

Photographer: Sarah Scouller. Coventry Cathedral Archives, PA2506/25/2/11.

THE DIARY

P.H.I.
Notes on Visit to Kiel.
14 – 21 September 1947[1]

Sunday, 14 September 1947[2]

Journey. At Harwich.
Left L'pl St. [Liverpool Street Station][3] 7[.00] pm. Very comfortable 1st Cl. [Class] Carriage and Dining Car. A pleasant passenger as 4th [passenger in the compartment], short little man with moustache.[4]

Arr. [Arrival at] Harwich 9.40 [p.m.]. Long queue on Station, towards dock, with bags moving gradually forward in stages – We had a porter who went ahead. Found him at customs – all quickly through

1 For the sake of consistency, the date range was changed here from "Sept 14–21, 1947" in the handwritten diary.

2 No weekday and year were provided in the original document. These have been inserted here and for all following days.

3 Liverpool Street Station is one of the main rail stations in London that serves destinations east of London.

4 Provost Richard "Dick" Thomas Howard (1884–1981) travelled together with George Briggs, the former Coventry mayor, and the Secretary of the Coventry Trades Union Council Wilfred Spencer to Kiel.

– Longest walk to boat – On board The Prague[5], a good big steamer – Down to cabins at end of passage – I and little man together, I on bottom bunk – Went up on deck and watched boat start out along lighted quay with lots of lighter boats along the quay – turned around into the open estuary[6] and steamed out towards the sea – all dark now. Went downstairs and got ready for bed "in case"[7] – after last look at sea, went to bed at 11.15 [p.m.] – Sea quite smooth all night, except for intermittent style motion – Little man came to bed much later. Slept, with occasional wakeups, very well until 5.45 [a.m.] –

Hook. Arrival at 6.0[0 a.m.] – Shaved and got up, after cup of tea – Queued on deck for 1/2 hour till 7.0[0 a.m.] – very ordinary ramshackle quay – Went off in stages again – Filled in money forms – Passport turnstile – Customs. On to trains and found 7.50 [a.m.] the "Control Commission, Germany" (C.C.G.)[8] train[,] mostly for [CCG] people on leave – Rather poor 1st Class Carriage but reasonably comfortable – Breakfast almost at once – I tried as best I could to keep in spiritual communion with the Holy Communion in the Crypt Chapel.[9]

Holland.[10]

5 Launched in 1929, the SS Prague operated between Harwich and the continent. In 1938, the Prague carried out the first *Kindertransport* of unaccompanied German children from Germany to the United Kingdom. The steamer also evacuated British troops from Dunkirk in 1940 and participated in the Allied landing in Normandy (Operation Overlord) in 1944.

6 Harwich is located on the Essex coast, where the River Stour and the River Orwell confluence into Orwell Haven.

7 Howard might allude here to preparation "in case" of possible seasickness.

8 Between 1945 and 1949, the Control Commission for Germany (CCG) governed occupied Germany. The CCG's British Element (BE) was the military government of the British occupation zone, including Schleswig-Holstein and Kiel.

9 This is a reference to a subterranean chapel under Coventry Cathedral where services were held after the cathedral had been destroyed in the German air raid of 14 November 1940.

10 Howard did not write down any notes on "Holland" on p. 2 in the original document. He also left the subsequent page (p. 3) blank.

Hamburg to Kiel. Capt[.] Thompson[11] met us[.] We travelled by night along the long avenued[12] roads – Our first experience of right-side driving and the feeling of head on collision all the time –

He [Capt. Thompson] described the sudden critical condition of Kiel – Oberburgomaster Gayk[13] is an extraordinary personality – charming – engaging – intensely friendly – capable – astute – He [Gayk] and Thompson very frank with each other –

Hallmark[14] [*sic*] Factory ordered to be dismantled – was originally a peace time factory, then war factory, for some time has been peace time [factory] again – employs 1,300 men – But a No. 1 category war-potential factory and due for dismantling and sale of machines by Potsdam Agreement[15] – Kiel workers violently object and say not fair – will prevent Kiel reconstruction – But C.C.G. promise to re-employ workers in other factories.

Gayk violently supports workers. Regional Commander [Air Vice-Marshal Hugh Vivian Champion de Crespigny][16] supported Thompson in occupying factory suddenly by night with police[17,18]

---

11 Group Captain A. S. Thompson was the Kreis Resident Officer (KRO) in charge of Kiel. KROs were the representatives of the CCG(BE) in an area similar in size and population to a British county council.

12 Here, the adjective "avenued" refers to the tree-lined roads that are a typical feature of the landscape of Schleswig-Holstein in the area between Hamburg and Kiel.

13 Andreas Gayk (1893–1954) was lord mayor (Oberbürgermeister) of Kiel from 1946 until his death in 1954. He was a leading figure in the Social Democratic Party (SPD) at the city and state levels in Kiel and Schleswig-Holstein respectively.

14 Here, Howard refers to the HOLMAG, short for Holsteinische Maschinenbau AG, which was an amalgamation of several factories of the former Deutsche Werke AG. Later, HOLMAG was renamed MaK and became a well-known manufacturer of locomotives and diesel engines for ships. Grieser, Reichsbesitz, pp. 86–144.

15 De-industrialization formed one of the key policies of the 1945 Potsdam Agreement. The dismantling of industrial plants relevant to the war effort marked a key form of reparations under the Allied agreement.

16 Howard used the incorrect title of Regional Commander in lieu of the correct title of Regional Commissioner. From May 1946 to January 1948, the Australian-born Air Vice-Marshal Sir Hugh Vivian Champion de Crespigny (1897–1969) served as British Regional Commissioner for Schleswig-Holstein.

17 In response to workers' protests against the dismantling of the HOLMAG plant and their non-observance of an ultimatum to comply with the CCG(BE) orders by the Regional Commissioner de Crespigny, 100 British soldiers and 120 German police officers occupied HOLMAG on 9 and 10 September 1947 and locked out the workers. Grieser, Reichsbesitz, p. 99.

18 In the original document, the remainder of the entry for 14 September 1947 can be found on p. 42. In this edition, it has been inserted at the end of the section (p. 4 in

Hence high tension – our visit nearly cancelled – but Gayk keen should continue – Thompson decided best to go on – nothing will happen this week – Gayk will want to use our visit to help reinstate his position after factory occupation[19] –

N.B. all through the week we have been "Balm" (so Capt. Thompson says) – Yet very high tension – at any moment Gayk might have been arrested, if Reg[ional] Com[mander] had given orders – But just not – The Reg[ional] Com[mander] has not yet issued an order explaining the situation regarding dismantling and reemployment of workers. The mess[20] think this would now be too late – [Captain] Cowie[21] is furious that more rigorous and positive action has not been taken – The whole C.C.G. in British Zone at stake – Kiel will be a precedent –[22]

As I write this on train on Sept[ember] 21st we do not know what may have happened.

But as we travelled from Hamburg to Kiel on the 15th[23][of September,] Capt[.] Thompson unfolded to us this whole story at its then stage –

---

the original diary) where Howard intended it to be. Howard's notes to this effect ("Cont p. 42" and "Cont from p. 4" respectively) have been removed in this edition.

19 Protests against de-industrialization were widespread in Kiel. Grieser, Reichsbesitz, pp. 4–86.

20 This refers to the Officers' Mess.

21 Captain Donald Cowie from Scotland was the Commander of the 909 (K) Det. Mil. Gov., Kiel, or, put plainly, the British military commander of the city of Kiel. His office was in the former Gestapo headquarters (today a police station) on the corner of Düppelstraße and Moltkestraße. Jürgensen and Garms, Briten, pp. 46, 64

22 Howard's observation about Cowie's frustration and fears about the potential impact of these protests on the political and socio-economic stability and cohesion of the British occupation zone referred to the fact that such disputes existed in all West German occupation zones. Gassert, Gesellschaft, pp. 43–47.

23 Unless Howard's journey from Hamburg to Kiel continued into the early hours of 15 September 1947, he might have confused the dates here.

Monday, 15 September 1947

The Mess. (1) Group Captain Thompson, the K.R.O. (Pronounced Cairo), Kreise [*sic*] Regional [*sic*] Officer[24] or "Governor" of Kiel – an ex R.A.F. [Royal Air Force] Officer of long standing – Reminded me in turn of Jim Corbett[25], Tom Hensley[26] and Tim Parbury[27] – a very charming, sincere, capable, forceful, friendly, witty person, whom we have come to respect and like enormously – Utterly devoted to his job – A good leader, organiser – Made us completely at home from the start. Evidently liked by his brother officers in C.C.G. – Is doing an exceedingly difficult task exceedingly well – He has huge responsibilities on his shoulders – He has given us every opportunity to make the most of the week.

(2) Captain Cowie. Gp[roup] Capt[.] Thompson's second in command is a Scotchman[28] – short, sturdy, bracing, beefy, burly, with a face like a prize fighter – But a most remarkable man – "Donald" – He is very lovable, kind, gracious, friendly – Excitable and quick tempered to an incredible degree – Very capable, quick to see a point, quick to act – Says self great things all the time – Spiritually minded –[29]

Tremendously tenderhearted for the weak and suffering – especially refugees and children – But he has little use for the Germans as such and their weakling attitudes – He hates to see them get round the authorities and believes in discipline and control[30] –

24 Thompson's correct title was Kreis Resident Officer.

25 Edward James "Jim" Corbett (1875–1955) was a British-Indian hunter and naturalist.

26 It has not been possible to identify this person.

27 It has not been possible to identify this person.

28 This is an outdated term for a Scottish person.

29 The remainder of Howard's description of Captain Cowie and the part on Captain Ryder have been moved here from p. 36 in the original document, following Howard's annotation ("Cont on p 36") at the bottom of p. 5 of the original diary. Howard's in-text comment has not been included in this edition.

30 Howard's characterization of Cowie is similar to other accounts. Dopheide, Kiel, p. 115.

He has had a long, varied war career, including Anzio[31] – "Gentlemen, please smile, your photograph is being taken"[.][32]

He too contributes to giving us a marvellous time – Runs the mess –

Capt[.] Ryder.[33] Officer of Public Safety or General Policies Officer. Another fine and charming character – Rather like George Rathbone[34] – Quiet, friendly – Sympathetic with German point of view – witty – He might have had to arrest Gayk while we were there[.]

These three were a wonderful trio and fitted well together to make a harmonious mess that talked and pulled each others legs off –[35]

The Mess Home

A smallest residence – red brick – opp[osite] desolated gaunt buildings – very white and hospitable inside –

Gertrude and Wilma, two excellent maids – meals very good – above English average –

I slept and lived in a room at top overlooking a red roofed house and desolated houses and a marvellous rowan tree in our garden – a little "dressing room" with a sink for washing –

Bed had queen bolster, [...][36] which I ultimately cut off –

31 The Battle of Anzio formed part of the Allies' Italian campaign and lasted from 22 January to 5 June 1944, culminating in the liberation of Rome.

32 Here, Howard refers to the high frequency with which photographs were taken of him, Briggs and Spencer during the visit to Kiel as part of a CCG public relations effort.

33 It has not been possible to identify this person.

34 This is likely to be a reference to the Manchester-born composer, pianist, organist and chorus master George Rathbone (1874–1951).

35 The section below on "The Mess Home" is on p. 47 in the original document and has been inserted here in this edition in line with Howard's annotation ("See p. 47") at the top of p. 5 in the diary. The annotation has also been removed here.

36 The original document contains a small drawing of the queen bolster pillow that has not been included here.

10[.00] am. Introduction to the Oberburgomaster Gayk and the Remembrance Ceremony.[37]

We arrived at Town Hall, shown into Mayor's Parlour where we met Gayk and many others whom we were to meet frequently again during the week –

Gayk made a little speech of welcome, answered by the Mayor [of Coventry George Briggs[38]] – I felt rather tongue-tied and did not feel it necessary to add anything –

Then we went into the Hall for the Remembrance Ceremony – Dark – a huge inscription on the wall to memory of dead in air raids, concentration camps, and war – Two great urns of blazing petrol (?) on either side – Beautiful music which deeply impressed the heart and built up a strong emotional background – Sat on stool in front, surrounded by silent standing crowd of Town Councillors and public – Music from behind curtain – a long speech by Gayk – short speech by Mayor [Briggs] – Laying of wreath (tied with long white harness) – More music – Then slowly dismissed.

10.30 [a.m.] Laying of wreaths at British Cemetery[39]

Got into cars again and went to British Cemetery – Huge open space with rows and field of little white crosses – In the front were two "Unknown"[40] and on these Gayk laid a wreath – Silence – I was not quite sure whether to say a prayer, but I was too doubtful about it at this early stage and still felt tongue-tied, so I remained silent, which I think was best[.]

Capt[.] Thompson said afterwards that Gayk wanted a long ceremonial walk down the central lines of the crosses, but he [Thompson]

37 The ceremony was part of the official programme of the 1947 Kiel September Week. It took place at the memorial to the war dead in the entrance hall of the Kiel City Hall. All private and public workers were supposed to stop their work for ten minutes during the ceremony. Ehret die Toten! – Honour the Dead! In: Mitteilungen der Gesellschaft der Freunde Coventrys/Journal of the Society of Friends of Coventry 2 (15.10.1947), p. 11, StaK, 7543; Presseamt der Stadt Kiel, Programmheft Septemberwoche Kiel im Aufbau/Programme of the September Week "Rebuilding Kiel". (Kiel: Presseamt der Stadt Kiel, 1947), p. 56, StaK, 48777.

38 George Briggs (1888–1977) was Mayor of Coventry from 1946 to 1947. By the time he visited Kiel, his stint as mayor had ended.

39 Until the present day, the graves of soldiers from the United Kingdom and Commonwealth nations are located on Kiel's Nordfriedhof.

40 Howard refers here to graves of unknown soldiers.

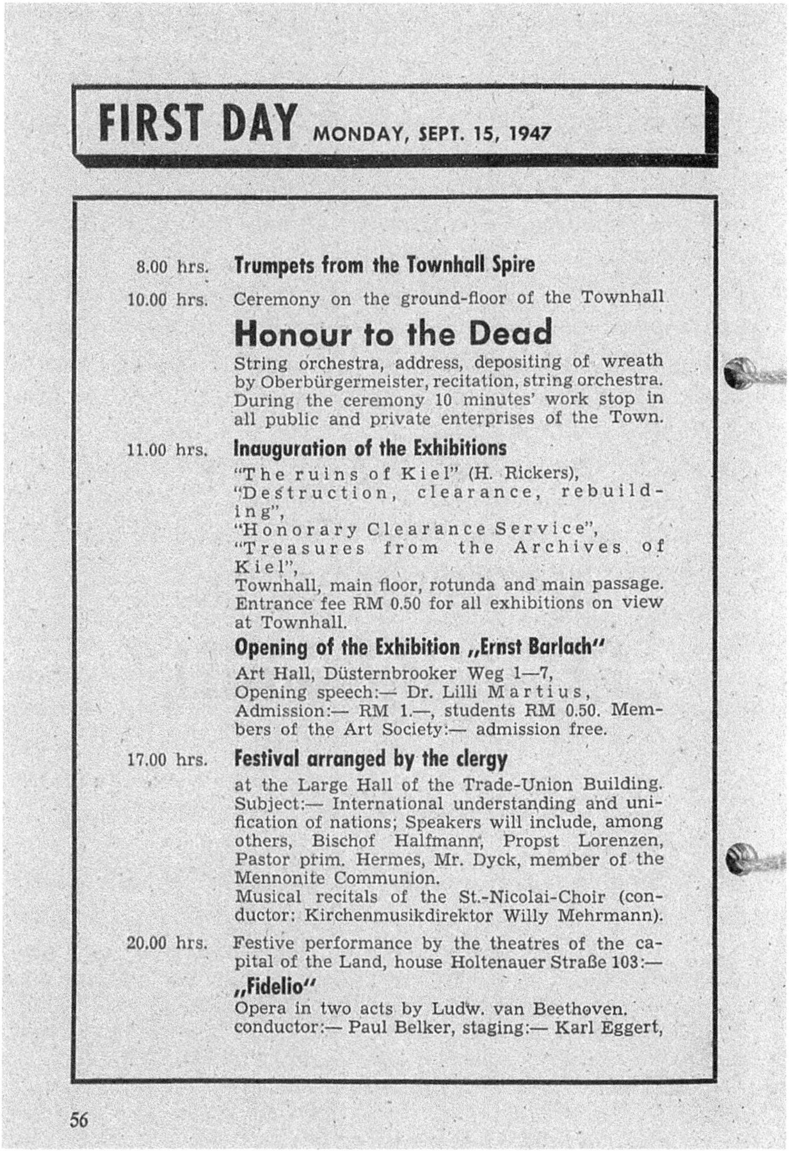

FIRST DAY MONDAY, SEPT. 15, 1947

8.00 hrs. **Trumpets from the Townhall Spire**

10.00 hrs. Ceremony on the ground-floor of the Townhall

Honour to the Dead

String orchestra, address, depositing of wreath by Oberbürgermeister, recitation, string orchestra. During the ceremony 10 minutes' work stop in all public and private enterprises of the Town.

11.00 hrs. **Inauguration of the Exhibitions**

"The ruins of Kiel" (H. Rickers),
"Destruction, clearance, rebuilding",
"Honorary Clearance Service",
"Treasures from the Archives of Kiel",
Townhall, main floor, rotunda and main passage. Entrance fee RM 0.50 for all exhibitions on view at Townhall.

Opening of the Exhibition „Ernst Barlach"

Art Hall, Düsternbrooker Weg 1—7,
Opening speech:— Dr. Lilli Martius,
Admission:— RM 1.—, students RM 0.50. Members of the Art Society:— admission free.

17.00 hrs. **Festival arranged by the clergy**

at the Large Hall of the Trade-Union Building. Subject:— International understanding and unification of nations; Speakers will include, among others, Bischof Halfmann, Propst Lorenzen, Pastor prim. Hermes, Mr. Dyck, member of the Mennonite Communion.
Musical recitals of the St.-Nicolai-Choir (conductor: Kirchenmusikdirektor Willy Mehrmann).

20.00 hrs. Festive performance by the theatres of the capital of the Land, house Holtenauer Straße 103:—

„Fidelio"

Opera in two acts by Ludw. van Beethoven.
conductor:— Paul Belker, staging:— Karl Eggert,

56

Presseamt der Stadt Kiel, Programmheft Septemberwoche Kiel im Aufbau / Programme of the September Week "Rebuilding Kiel".
(Kiel: Presseamt der Stadt Kiel, 1947), p. 56. Rights of Use: Stadtarchiv Kiel, 48777.

did not feel like granting him [Gayk] all that privilege and so arranged for the grave selected to be in front.

Strange ceremony! It all seems so stupid in one way. And yet, since the destruction happened, the message of forgiveness is good.

11.[00] am. Opening of Exhibition.[41]
At Town Hall a great Exhibition of the destruction of Kiel, Contrasts between before and after (including a fine pair of photos of St Nicholas Kiel[42] and Coventry Cathedral[43]), conditions of Kiel, town planning for future.

I was taken around by the maker of the Exhibition who was an eager, friendly German.[44] Propst Lorentzen[45] also was with me.

41 The exhibition entitled "Rebuilding Kiel" formed part of the official programme of the 1947 Kiel September Week that ran under the same theme. The exhibition featured several expositions that were held on the ground floor, the main passage and the rotunda in the Kiel City Hall. Apart from paintings of "The ruins of Kiel" by the local artist Hans Rickers (1899–1979), these addressed the themes of "Destruction, clearance, rebuilding", the "Honorary Clearance Service" and "Treasures from the Archives of Kiel". The German-language version of the programme lists "Honorary Clearance Service" as part of the "Destruction, clearance, rebuilding" exposition though. Presseamt der Stadt Kiel, Programmheft Septemberwoche Kiel im Aufbau / Programme of the September Week "Rebuilding Kiel" (Kiel: Presseamt der Stadt Kiel, 1947), pp. 13, 56, StaK, 48777. On Rickers' cycle of Kiel paintings: Tillmann, "Kiel," pp. 166–171.

42 Dating back to the thirteenth century, St Nicholas (German: St Nikolai) Church is Kiel's main Protestant church. It is located in the city centre on the Old Market (Alter Markt). On 22 May 1944, it was heavily damaged during an Allied air raid.

43 The Cathedral Church of Saint Michael, more widely known as Coventry Cathedral, which was devastated by a German air raid on 14 November 1940, dates to the mid-14th century. Subsequently, its ruins and the newly built cathedral (consecrated in 1962) became chief symbols of fostering forgiveness, reconciliation and international understanding. Howard, Story; Howard, Ruined.

44 While Howard does not give a name, it is possible that Herbert Jensen (1900–1968), the director of town planning for Kiel City Council, showed him around the exhibits. Jensen oversaw the development of Kiel's 1946 general development plan. Owing to his successful work in Kiel, he subsequently directed the final phases of the reconstruction of Munich from October 1961. Schnoor, Jensen, p. 168.

45 Provost (Propst) Johannes Lorentzen (1881–1949) was pastor at St Nikolai Church since 1925 and Provost of Kiel from 1946 until his death in 1949.

3.0[0] [p.m.] Interview with Regional Governor[46].
We were taken to the H.Q. [Headquarters] of the Regional C.C.G. "Somerset House"[47] and interviewed Sir De Crespigny[,] the Reg. Com. or Regional Commander, "De Crespigny" – Rather like Arnold Rogers[48] with a moustache –

Very interested in our visit and said that he thought that if the Society [of Friends of Coventry] was for "spiritual and cultural" friendship and not for militarist ends, it might do much good –

He struck me as being a fine, steady, high minded administrator and governor[.]

Here I met Marjorie Kaye[49] and also saw Kiel Harbour for the first time through the open windows of the spacious room.

5.0[0 p.m.] Churches Meeting. This was a Reconstruction Week meeting of the Churches[50] – I met Bp. [Bishop] Halfmann,[51] Chief Prot. [Protestant] of Schleswig-Holstein, Propst Lorentzen, Pastor Hermes (Catholic)[52] and others[53] – On the stage were musical choirs,

---

46 The correct title was Regional Commissioner.

47 Somerset House was the name given to the building that had housed the Air Force Area Headquarters (Luftkreiskommando) VI (Sea) during the Second World War. Located on the waterfront between Niemannsweg and Hindenburgufer (today Kiellinie), Somerset House served as the headquarters of the British Regional Commissioner for Schleswig-Holstein between 1946 and 1955. Later, the West German army (Bundeswehr) used the building for its Regional Army Command (Territorialkommando) Schleswig-Holstein.

48 Possibly, Howard refers here to the football player Arnold William Rodgers (not Rogers), who played at the time for Huddersfield Town and bore some resemblance to de Crespigny.

49 Later on in the diary, Howard refers to a certain Marjorie Francis Kaye again. It has not been possible to identify this person.

50 The official programme lists the event as "Festival arranged by the clergy" that took place in the Large Hall (Großer Saal) of the Trade-Union Building (Gewerkschaftshaus) in Legienstraße and addressed the theme of "International understanding and unification of nations". Presseamt der Stadt Kiel, Programmheft Septemberwoche Kiel im Aufbau/Programme of the September Week "Rebuilding Kiel." (Kiel: Presseamt der Stadt Kiel, 1947), p. 56, StaK, 48777.

51 Wilhelm Halfmann (1896–1964) was the Protestant Bishop of Holstein. In 1936, he published the controversial pamphlet "The Church and the Jew" ("Die Kirche und der Jude").

52 Hermann Hermes (1884–1969) was a priest and pastor primarius at Kiel's Catholic St Nikolaus parish between 1931 and 1964.

53 Alongside the abovementioned members of Kiel's clergy, a representative of the Mennonite Communion (Mr Dyck) attended the event. St Nikolai Church's choir, con-

who throughout the meeting sang very beautifully and powerfully – I could not understand, but enjoyed it, especially "Wake O Wake" –

Propst Lorentzen and Pastor Hermes gave addresses on the Church Aspects of Reconstruction – my interpreters were not too good and could not self give me much[.]

Then I was asked to speak. I began by saying "Such beautiful singing takes all my thoughts away, but perhaps it will inspire me to do my best"[54] – I gave the greetings of the Coventry Churches, clergy, Mothers['] Union,[55] Catholic Monseigneur Emery[56] – Reconstruction primarily spiritual – Hence the work of the Churches of primary importance in the F.C.K. [Friends of Coventry and Kiel][57] – I asked them to see through my face the face of the Xt[58] [Christ] in the body of Xt in Coventry[,] and I now see in their faces the face of the Xt in Kiel – the Unity between us[59] in Xt was real and so we were already friends in Him [Christ] –

Then I held up a Coventry Cross of Nails[60] – explained where it came from and how made – would now give it to Propst Lorentzen for his church as a symbol of Divine Forgiveness and of our mutual joyousness, and of God's power through the death and resurrection of Christ to turn all our sin and tragedy into good –

---

ducted by Willy Mehrmann, performed at the festival. Presseamt der Stadt Kiel, Programmheft Septemberwoche Kiel im Aufbau/Programme of the September Week "Rebuilding Kiel." (Kiel: Presseamt der Stadt Kiel, 1947), p. 56, StaK, 48777.

54 See the handwritten draft "An Address by Provost R.T. Howard to Christians in Kiel", n.d., CCA, PA2506/25/2/11.

55 Founded in 1876, the Mothers' Union serves as an organization to help mothers raise their children according to Christian principles and belief.

56 Monseigneur Emery was parish priest of St. Elizabeth's Church in Coventry.

57 Howard frequently uses the ambiguous abbreviation "F.C.K." (Friends of Coventry and Kiel) to refer to the Society of Friends of Coventry.

58 "Xt" is a common abbreviation referring to Christ.

59 Note that the subsequent part of this entry has been moved from p. 43 in the original document and inserted into this section (p. 10 in the original diary) where Howard intended it to be. Howard's cross-references to this effect have not been included in this edition.

60 In the immediate aftermath of the infamous German air raid on Coventry on 14 November 1940, Reverend Arthur Wales of St Mark's Church near Coventry Cathedral created the first Coventry Cross of Nails out of three nails from the destroyed roof of the cathedral. Subsequently, the Community of the Cross of Nails was created. The Story of the Cross of Nails, <https://www.coventry.anglican.org/the-story-of-the-cross-of-nails.php>.

So I gave the cross and shook hands with Propst L.[Lorentzen] – I have heard from many quarters since that this made a profound impression –[61]

8.0[0 p.m.] Opera.[62]
"Fidelio" – Grand singing – artistic and interesting staging – But could not understand much – We had first class seats – The Kiel Municipal Opera[63] performed – We smiled to think how little a Coventry Orchestra could do such a thing – It was fearfully hot and stuffy, but I had had a sleep earlier in the day and felt awake.[64]

Tuesday, 16 September 1947

10[.00 a.m.] – 12.30[p.m.] Tour of Refugee Camps.[65]
This was one of the most trying and yet inspiring of our many tours – Captain Cowie took us round and was at his best describing all that has been planned to cope with the refugee problem.[66]
(1) Nissen huts.[67] About 500 people – We went into one hut where a large family was living including a mother, baby boy in arms – older

61 Today, the cross of nails is still on display in St Nikolai Church.

62 Howard attended a performance of Ludwig van Beethoven's opera "Fidelio" in two acts at the Neues Theater in Holtenauer Straße 103 (today Schauspielhaus). Conductor: Paul Belker. Staging: Karl Eggert. Presseamt der Stadt Kiel, Programmheft Septemberwoche Kiel im Aufbau/Programme of the September Week "Rebuilding Kiel" (Kiel: Presseamt der Stadt Kiel, 1947), p. 56, StaK, 48777.

63 There existed no "Kiel Municipal Opera" but the Kiel Municipal Orchestra.

64 In the original diary, Howard recorded his observations of "Fidelio" under the "Orchestral Concert" (p. 15) that took place the following day (16 September 1947) and his comments on the concert under the opera (p. 11). He was aware of his mistake, as the comments and cross-references on pp. 11 and 15 suggest. This has been corrected in this edition, but the in-text notes have not been included here.

65 Kiel had a total of 20 refugee camps. By 1948, every fourth refugee in the city lived in one of the camps. Grieser, Wiederaufstieg, p. 402.

66 The refugee crisis posed a major challenge for the British military government in Germany. Graham-Dixon, Occupation.

67 Named after their inventor, the Canadian engineer Peter Norman Nissen (1871–1930), these huts were made of corrugated iron in the shape of a cut-in-half barrel. Since there existed three specific "Nissen hut camps" around Kiel, it seems likely that Howard visited one of the camps at Augustenburger Platz, Professor-Peters-Platz or Schlachthof. As described by Howard, Nissen huts were notorious for the poor living

boy of 10 or so and others. Clean and looked nice people. Husband out or away at work – I pitied the baby and gave him a bar of chocolate –

The huts leak with condensation and are very unpopular and unsuccessful – They are very cold in winter – They now take the corrugated iron roofs and roof homes with them, thus accommodating far more people.

(2) Wooden huts – This was the Schulenberg [*sic*] Camp[68] – Large huts housing several families – many old or middle aged women and men – ex farmers – finely chiseled faces – Clean – One small iron stove in the middle for all cooking – Pictures on walls –

The camp is in the middle of a very pretty pine wood on hillocks –

We talked to a dear old lady spinning, with a beautiful old face and a shining smile – Also in the hut for very old women was the oldest of them all[,] an old lady of 87 [years], great grandmother, grandmother, but who could only sadly say "I have lost all" – Her face was infinitely tragic – I could only hold both her hands in both mine and say "Guter Gott" ["Good Lord"] – It seemed to comfort her a little.

The T.B. [tuberculosis] is very bad among the children – 25 % are affected – They have a hut to themselves[,] and many recover[69] – We talked to the children in the hut –[70]

But the star of the camp was the Kindergarten School, a tidy well equipped school room of nursery school type with a young woman

---

conditions that they provided for their dwellers. Carstens, Flüchtlingslager, pp. 441–460.

68 Howard misspelled the name Schulenburg. The Schulenburg Camp was located in the Vieburg Forest (Vieburger Gehölz) and had a population of some 450 by 1947. Carstens, Flüchtlingslager, pp. 307–317. Note that, while the part "10–12.30 Tour of Refugee Camps" can be found on p. 12 in the original diary, Howard wrote down the section on the Schulenburg Camp on p. 44, cross-referencing the pages. The part from p. 44 has been inserted here in this edition. However, the in-text references have not been included here.

69 Often the TB cases concerned closed TB which was not contagious. Grieser, Wiederaufstieg, p. 404. Apart from Howard's mention of tuberculosis cases, the health of refugees living in the camps generally seemed to have been reasonably good, with occasional cases of typhus, measles or whooping cough occurring. Kiel City Council also appointed medical staff to look after the camp populations. Carstens, Flüchtlingslager, pp. 76–84.

70 The remainder of the section on refugee camps can be found on p. 45 in the original diary. It has been inserted here in this edition for reasons of thematic coherence.

teacher of evidently first class character and type, who showed us all the equipment and models etc with great pride.
(3) Houses. A large roofed barrack like plan, like tenements – This looked gloomy and quite the most unhomelike of all –

As the mayor [George Briggs] and I sat in the car outside this tenement[,] some children were playing near – a little boy and girl copied their distorted figures mirrored in the polished door of the car – They were intensely amused, gradually collected a crowd of about 10 little children who laughed and danced and shrieked with laughter again and again – a very pleasant sight and sound – we had had a dog barking at us at Schulenberg [*sic*][,] and now we said we had heard two bits of international language, the bark of a dog and the laughter of children –

The Refugees[71]

By the Potsdam agreement Pomerania and E.[Eastern] Prussia went to Poland,[72] and the people were removed from their homes suddenly and by force and sent to Sch[leswig]-Holst[ein] with nothing but a blanket – Most of the men and girls were kept for labour, so that they [the refugees] consist mainly of old people and children[73] – There are about 1,500,000 of them [the refugees] [,] and they are as many as the Pop. [Population] of Sch[leswig]-Holst[ein] – Yet S[chleswig]-H[olstein] has had to take and provide for them all – They are billeted all over the country in homes and in refugee camps – It means that the

71 In the original document, the section on "The Refugees" can be found on p. 46. At the start of the part "10–12.30 Tour of Refugee Camps", Howard made a reference to the subsequent section ("[See p 46]"). For the sake of coherence, "The Refugees" has been moved to the end of the entry on the visit of refugee camps. The cross-reference in the text has been removed.

72 Howard's point about Pomerania is not entirely correct. At the Potsdam Conference, the Allies agreed that, except for Königsberg (Kaliningrad) and northern East Prussia that were transferred to the Soviet Union, East Prussia, Danzig and parts of Upper Silesia were to be placed under Polish Control. Poland's new western border with occupied Germany followed the Rivers Oder and Neiße. In practice, this also meant that parts of Pomerania became Polish. Refugees from these Polish territories were to re-settle in the British occupation zone of Germany (c. 1.5 million). Demshuk, Citizens, pp. 385, 394 note 6; Graham-Dixon, Occupation, p. 34.

73 In Eastern Prussia, the Soviet authorities relied on the forced labour of young German women. Ethnic Germans were also interned and put to work in Poland. Kossert, Heimat, p. 34.

overcrowding in S[chleswig]-H[olstein] is worse than in any other part of the British Zone – [74]

See the Reg. Coms. Memo.[75]

3.0[0 p.m.] The Town Council.

This was a special meeting[76] to which we were guests of honour – The car would not start[,] and Cowie got another at last minute – we raced for the Town Hall and got there behind the Reg. Com., who ought to be last – But while he was inspecting the Police Guard[,] we just slipped in in time – All stood for us[,] and we had seats at the side –

Music – Speech by Gayk including welcome to us – Speech by Reg. Com. in which he justified Bevin's[77] Foreign Policy[:] (1) Demilitarisation/Deindustrialisation of Germany (2) Economic Prosperity for Germany with all Europe[78] –

He stressed the latter

Council granted £120 to F.C.K.

---

74 On the severity of the crisis in Schleswig-Holstein: Graham-Dixon, Occupation, pp. 126–172.

75 Since said memorandum by the Regional Commissioner for Schleswig-Holstein, Air Vice-Marshal Sir Hugh Vivian Champion de Crespigny, is neither included in the diary itself nor in the archival folder the diary is contained in (CCA, PA2506/28/2/11), the editor has not been able to establish which particular memorandum Howard refers to. However, Graham-Dixon writes about the Regional Commissioner's concerns and actions to mitigate the impact of the refugee crisis on Schleswig-Holstein (Occupation, pp. 138–139).

76 As part of the official September Week programme, Kiel City Council held a special meeting in the Large Hall of the Pedagogic College (Pädagogische Hochschule) in Diesterwegstraße. Presseamt der Stadt Kiel, Programmheft Septemberwoche Kiel im Aufbau/Programme of the September Week "Rebuilding Kiel" (Kiel: Presseamt der Stadt Kiel, 1947), p. 57, StaK, 48777. At the special meeting, Mayor Briggs also delivered a speech. Zwei Städte – ein Geist humanitärer Freundschaft!/Two cities – One spirit of humanitarian friendship! In: Mitteilungen der Gesellschaft der Freunde Coventrys/Journal of the Society of Friends of Coventry 2 (15.10.1947), p. 1, StaK, 7543. For a record of the meeting: Niederschrift der Sitzung der Ratsversammlung am 16.9.1947, StaK, P II/64/19470916/i.

77 Ernest Bevin (1881–1951) served as Foreign Secretary in the Labour Party government under Prime Minister Clement Attlee (1883–1967).

78 These comments must be read against the background of the emerging Cold War. Between 1945 and 1947, Ernest Bevin followed a "dual policy" towards the Soviet Union: while he outwardly promoted cooperation between the Soviet Union and the Western allies, the foreign secretary sought to forge a coalition of Western European nations to curb Soviet influence in Germany and Europe. Deighton, Peace, pp. 6–7.

Bilder von der Septemberwoche „Kiel im Aufbau“
PICTURES: SEPTEMBER WEEK „KIEL REBUILDING“

Bürgermeister Briggs spricht vor der Sondersitzung der Kieler Stadtvertretung. Die Sitzung fand statt in Gegenwart des Gouverneurs von Schleswig-Holstein, Vizeluftmarschalls de Crespigny, der Landesregierung Schleswig-Holsteins, des Rektors und der Dekane der Christian-Albrechts-Universität und zahlreicher Bürger und Bürgerinnen Kiels, die sich im Ehrenamtlichen Aufräumungsdienst der Stadt besondere Verdienste erworben hatten. — Mayor Briggs of Coventry speaking before the special meeting of the Municipal Council of Kiel. The sitting was attended by the Gouverneur of Schleswig-Holstein, Vice-Air Marshal de Crespigny, by Government of Schleswig-Holstein, by the Rector and the Deans of Christian-Albrecht University and numerous citizens of Kiel, who acquired special merit in the honorary clearing service of the town.

(Foto: Nordmark-Film, Kiel)

Der Gouverneur des Landes Schleswig-Holstein, Vizeluftmarschall Sir Hugh de Crespigny, spricht vor der Sondersitzung der Kieler Stadtvertretung. Er betonte die Notwendigkeit, alle wirtschaftlichen Angelegenheiten vom Standpunkt gegenseitiger internationaler Abhängigkeiten aus zu betrachten, das gelte auch für Deutschland. — The Gouverneur of Schleswig-Holstein, Vice-Air Marshal Hugh de Crespigny addressing the special meeting of the Municipal Council of Kiel. He emphasised the necessity to consider all economic matters from the view point of mutual dependence, which applied also to Germany.

(Foto: Nordmark-Film, Kiel)

Bürgermeister Briggs-Coventry und Oberbürgermeister Gayk-Kiel bei der Eröffnung der Ausstellung „Zerstörung — Aufräumung — Aufbau“ im Kieler Rathaus. Die Ausstellung zeigte in der Abteilung „Kiel — Coventry, zwei Städte, ein Schicksal“ auch Bilder aus Coventry. — Mayor Briggs-Coventry and Oberbürgermeister Gayk-Kiel at the inauguration of the exhibition „Destruction — Clearing — Rebuilding“ at the Townhall of Kièl. The exhibitinn in its section „Kiel — Coventry, Two Towns, One Fate“, also displayed pictures of Coventry.

(Foto: Nordmark-Film, Kiel)

Die englischen Gäste (erste Reihe) bei der „Fidelio“-Aufführung der Kieler Bühne. — Der Theater-Spielplan brachte während der Besuchswoche Werke von Goethe, Georg Kaiser, Thornton Wilder, Verdi, Hindemith und Carl Orff. — The British guests (front-row) at the performance of „Fidelio“ at the Municipal Theatre of Kiel. During the September Week the repertoire included works of Goethe, Georg Kaiser, Thornton Wilder, Verdi, Hindemith and Carl Orff.

(Foto: Nordmark-Film, Kiel)

Herausgegeben durch das Präsidium der »Gesellschaft der Freunde Coventrys«. Mit der Redaktion beauftragt: Friedrich Wendel, Kiel, Hohenstaufenring 34
Kieler Druckerei, DF 81 – 4797 4000 Oktober 47 Kl. C X/97

Mitteilungen der Gesellschaft der Freunde Coventrys / Journal of the Society of Friends of Coventry 2. (15.10.1947), p. 16. Rights of use: Stadtarchiv Kiel, 7543.

Address of the Herr President [Hermann Lüdemann][79]
Distribution of certificates for merit in removal of rubble[.][80]

6.0[0 p.m.] Professor Rendtorff.[81]
Prof. Rendtorff – a delightful, cultivated, earnest Professor of applied Theology (= Pastoralia[82]) – was deep in S.C.M. [Student Christian Movement][83] and other re-union work[84] before the war – His eldest son of 18 was in a concentration camp for a time owing to Confessional testimony at school, but liberated after trial, and subsequently was killed in the war in Russia[85] – He is Confessional[86] – He lost all in the loss of his home, and has begun to gather a library again –

---

79 Hermann Lüdemann (1880–1959, SPD) was the First Minister (Ministerpräsident) of Schleswig-Holstein from 1947 until 1949. Note that, in the original diary, Howard inserted a reference ("[See p. 24]") after "Address of the Herr President" to an evening reception at former Kiel lord mayor Willi Koch's house on Thursday evening where he spoke with Lüdemann. This reference has been removed in this edition.

80 The clearing of rubble required a major effort. In 1948, Kiel City Council estimated the volume that had to be removed at 5 million cubic metres of rubble. Rosenplänter, Dimensionen, p. 152.

81 Heinrich Rendtorff (1888–1964) was a theologian and Professor of Applied Theology and Dean of the Faculty of Theology at Kiel University (1945–56). In the original version, p. 14 only contains the entry "6.0 Professor Rendtorff" but is otherwise left blank. Howard noted down the two paragraphs on Rendtorff at the start of the diary (unpaginated). In this edition, these paragraphs have been moved to the section on Rendtorff.

82 Pastoralia refers, generally speaking, to the duties of a cleric (pastor).

83 Dating back to 1889, the Student Christian Movement (SCM) is the oldest student Christian group in the United Kingdom. Here, Howard used the label SCM to refer to one of its German counterparts – most likely the German Christian Student Association (Deutsche Christliche Studentenvereinigung), which existed since 1895 alongside the Student Association for Mission (Studentenbund für Mission; formed in 1896) and the German Christian Association of Female Students (Deutsche Christliche Vereinigung Studierender Frauen).

84 Here, Howard refers to ecumenical work.

85 This is a reference to Heinrich Rendtorff's son Klaus (1923–1945). Along with a school friend, Klaus Rendtorff was arrested and imprisoned at the Sachsenhausen Concentration Camp in 1942. His crime was distributing to fellow students an abridged version of a sermon by the Bishop of Münster condemning the murder of disabled people by the National Socialist regime. Stiftung Brandenburgische Gedenkstätten: Presseinformation 14/2021, Oranienburg, 18. April 2021: Gedenkstätte und Museum Sachsenhausen. < https://www.below-sbg.de/fileadmin/user_upload/Gedenkstaetten/Stiftung/Pressemitteilungen/2021/PDF/14_Jahrestag-Sa.pdf>.

86 From 1934 to 1945, Rendtorff was a member of the Confessional Church. Linck, Anfänge, Vol. 2, p. 450.

We talked together of the place of friendship between Christians in K.[Kiel] and C.[Coventry] within the Society of Friends [of Coventry] – We discussed the position of the Churches in Germany and Britain today – I think we mutually felt the reality of Christian Fellowship between us.

8.0[0 p.m.] Orchestral Concert[87]
All the pieces were relatively or entirely new to me – I enjoyed them each enormously and felt I would like to get seconds of the first and last[.][88]

(1) Beethoven's 1st Symphony
(2) Brahms' 4th Symphony
Both [(1) and (2)] had all movements "intelligible".

(3) Hindemith's Viola Concerto was terrifically modern. The young brilliant soloist[89] threw himself into it literally body and soul. Most people did not like the music. It was striking, but I don't think I want to hear it again![90]

87 This performance by the Kiel Municipal Orchestra was another September Week event. It took place in the Large Hall of the Trade Union Building. Conductor: Paul Belker. The pieces performed were Beethoven's First Symphony in C Major, Hindemith's Concierto for Violin and Orchestra (193a) and Brahms' Symphony No. 4 in E Minor. Presseamt der Stadt Kiel, Programmheft Septemberwoche Kiel im Aufbau/ Programme of the September Week "Rebuilding Kiel" (Kiel: Presseamt der Stadt Kiel, 1947), p. 57, StaK, 48777.

88 Below Howard appears to contradict himself by saying that he did not wish to listen to Hindemith again. It is possible that he mixed up the sequence in which the music was played.

89 The soloist was Lothar Ritterhoff. Presseamt der Stadt Kiel, Programmheft Septemberwoche Kiel im Aufbau/Programme of the September Week "Rebuilding Kiel" (Kiel: Presseamt der Stadt Kiel, 1947), p. 57, StaK, 48777.

90 In the original diary, Howard recorded his observations of the "Orchestral Concert" (p. 15) under those of the opera "Fidelio" (p. 11) that he had attended the previous day (15 September 1947). He inserted cross-references to highlight his mistake, which has been corrected in this edition.

Wednesday, 17 September 1947

7.30 [a.m.] Students' Service.

Prof. Rendtorff called for me in his car driven by his son. The son (26 years)[91] turned dangerously towards a steep decline[,] and his father expostulated. I told him [Heinrich Rendtorff] I had sons[92] and was inured for such experiences. The father still looked serious. The son saw the joke.

The service was held in a little church under the tower of a large ruined church. It was my first experience of a Prot. [Protestant] Church. The altar was narrow and stubby in shape, draped in a rather Victorian lace-like frontal. A large bible open on the altar and a white ivory crucifix behind.

A bell of a modern sonorous type, which I had heard every morning at 7.30, was rung.

After some words said together[,] they sang in unison to a very attractive tune a hymn or psalm. The singing is clear, strong, in excellent tune and precise noting. The Bible was read from 1 Cor[inthians] 7. "God's free men, Christ's slaves".[93] Then prayers, while I could just follow as to subject. Then a hymn to S. P. [Sunday Psalms] tune "Ye that have spent the silent night".

I felt a deep sense of Christian joy in having this one act of[94] prayer in Kiel. It was conducted by a student, whose birthday it was, and to whom they afterward jollily sang a hymn or some greeting in the porch.

I somehow felt more truly British for having experienced myself as a Christian!

On the way home I nearly lost myself, but just managed to recognize in the direction of the bright-red roofs of the home opposite the mess[.]

91 This was most likely Rolf Rendtorff (1925–2014), who studied evangelical theology at the time and later became professor of theology at Heidelberg University. When he met Howard in September 1947, Rolf Rendtorff was not 26 but 22 years of age.

92 Howard and his wife Ethel Marjorie Howard (née Corfield; 1891–1977) had two sons Richard Corfield Howard (1915–2001) and Anson Bryan Howard (1918–1999).

93 The first letter to the Corinthians, chapter 7.

94 Howard recorded the remainder of this section on p. 15 of the original document, with a note that it belongs at the bottom of p. 16. This has been corrected here. The note has not been included though.

10[.00 a.m.] – 12[.00 p.m.]. Propst Lorentzen and Pastor Plath[95]
Propst Lorentzen is a bright-faced happy-looking pastor of 65 years – very Christian looking – white-haired, thin, a little bent, but an active talker and eager in speech. As with Prof Rendtorff, we got on splendidly from the start – […][96]

We compared many family notes and experiences – He has 2 sons and 4 daughters. One son killed in the war and two sons in law. His home was destroyed[,] and they have had to change their home seven times. Each time his wife began again consistently. On Friday[,] he showed me the cleared site where his large "vicarage" and garden had stood.

He is the R. D. (Prot)[97] [Protestant Bishop] of Kiel – He had the large church of St. Nicholai in the middle of the town, the ancient civic church – His congregation is much dispersed[,] and they worship now in a crowded little hall holding 200 –

We talked much about the position of the German people, reparations, dismantling of factories – He is definitely afraid of the complete moral and spiritual disintegration of the German people, especially the young, through despair of any future for them – They will be a festering sore at[98] the heart of Europe.[99]

I did my best to explain the feelings of the English people – their fears for the safety of Europe from German aggression in the far distant future – their present complications with Russia – their feelings of compassion for the sufferings of the German people –

95 Adolph Nicolaus Konrad Plath (1910–1985) was a Protestant pastor in Kiel's Vicelin parish (1939–1980).

96 In this space, the original document contains a reference "(For Pr Plath see p 25.)", which has been removed in this edition because there is no mention of Plath on p. 25.

97 Johannes Lorentzen was the Protestant (abbreviated "Prot") Bishop of Kiel. It is unclear what Howard's abbreviation "RD" stands for.

98 The remainder of this section has been moved from p. 35 in the original document to the end of the entry on p. 17 in line with Howard's annotation. His in-text note has not been included in this edition.

99 In fact, Lorentzen objected to the Allied de-industrialization policies and even expressed his concerns to the British Regional Commissioner for Schleswig-Holstein in early September 1947. Johannes Lorentzen to [Hugh Vivian Champion de Crespigny], 3.9.1947; Andreas Gayk to Johannes Lorentzen, 10.9.1947, LKANK, 16.20.0, Nr. 761.

We agreed on the importance of the Church being right in on the Friends of C[oventry] and K[iel][100] – The meeting of the Churches had been the first meeting of Reconstruction Week[101] – We agreed to try and get Christians into correspondence with each other –

On parting I gave him a packet of coffee – "From a brave wife in Coventry to a brave wife in Kiel"[.]

2.30 [p.m.] – 6.0[0 p.m.] Trip around Kiel Harbour[102]
This was a remarkable expedition in a steamer which went right up the harbour and out into the open Baltic See and around a fire boat and home. Many of the Town Councillors and city officials were on board as well as O.B. [Oberbürgermeister, Lord Mayor] Gayk.

It is a most beautiful Harbour. We saw the rather queer U. Boat and Navy Memorials[103], and endless wrecks of all sizes and in all positions and degrees of submergence. Interesting talks with Dr Mecklenberg[104] [*sic*], an ex consul to Japan – Only just exculpated from Nazi

100 Here, Howard deviates from his common abbreviation "F.C.K." to refer to the Society of Friends of Coventry. From the context, it cannot be ruled out that he also refers to the Association of Friends of Kiel in this case.

101 This was preceded by four other events. Presseamt der Stadt Kiel, Programmheft Septemberwoche Kiel im Aufbau/Programme of the September Week "Rebuilding Kiel" (Kiel: Presseamt der Stadt Kiel, 1947), p. 56, StaK, 48777.

102 The steamer sailed to the Bülk Fireship at the entrance to Kiel Fjord and back into Kiel harbour. Momentaufnahmen von der Kieler Septemberwoche/Snapshots of the Kiel September Week. In: Mitteilungen der Gesellschaft der Freunde Coventrys/Journal of the Society of Friends of Coventry 2 (15.10.1947), p. 15, StaK, 7543. On the destruction of Kiel harbour during the war: Bohn and Oddey, U-Bootbunker, pp. 46–74.

103 Howard's comments refer to two memorials. The Möltenort U-Boat Memorial and the Laboe Naval Memorial. A cover story in Britain's leading illustrated magazine "Picture Post" in October 1945 compared the Laboe Naval Memorial to "the conning-tower of some monster U-boat keeping watch over the coast-line of Germany". Chisholm, Kiel, p. 10.

104 Howard appears to have misspelled the name Dr Mechlenburg, perhaps due to confusion with another person. Dr Mechlenburg was the head of Kiel's Municipal Translation Office. Dr Mechlenburg to Mr Hirst, 13.10.1947, StaK, 52909. However, there is a letter from Catholic Priest B. Mecklenburg from Hamburg-Rahlstedt in Howard's archival file. B. Mecklenburg to Richard T. Howard, 21.7.1948, CCA, PA2506/28/2/11. When Howard dedicated the 1946 BBC Christmas radio broadcast to Hamburg, Pastor Mecklenburg had replied to Howard. Gröpler, Engel, pp. 23–24.

guilt! – He reminds me of a tall Dr Brafit[105] in manner – A good translator.

Also with a woman Councillor, the Director of Education,[106] anxious to make contacts.

Rather like Miss Michell.[107]

A good talk with Gayk in which I said how much I hoped that in spite of the Socialist movement in Germany having been alienated from the Church by the power-status of the churches for many centuries, both the Churches might become more democratic and proactively Christian, and the working classes closer nearer [*sic*] to the church. Might not the F.C.K. help towards this [?] He cordially agreed.

6.30 [p.m.] – 11.0[0 p.m.] Dinner at Oxford House[108] and Orchestral Concert

"Oxford House" is the mess of the C.C.G. in Kiel, formerly naval buildings. Ground lay with corridors with doors into rooms on either side.

I went at invitation of Marjorie Kaye, called by her second name "Francis" by everyone in Kiel. Then met a number of young people in C.C.G. and Karl[,][109] the pastor at Preetz of the church House there. Conversation at dinner turned on the German attitude and character. "Here are no Nazis!", the C.C.G. party said. Yet they seem to feel no war guilt or responsibility. They struck me as being pathetically desirous of understanding the Germans and being friends, but acutely conscious of gaps in mental outlook and weaknesses of character.[110]

105 It has not been possible to identify this person.

106 Howard probably spoke with Käthe Kühl or Thomasine "Toni" Margarete Jensen (1891–1970).

107 Although her last name is spelled slightly differently, this might be a reference to Maria Mitchell (1818–1889), the first female astronomer in the United States who was widely known as "Miss Mitchell".

108 It has not been possible to identify the location of Oxford House.

109 Karl Heinrich Kobold (1894–1975) was pastor in the town of Preetz near Kiel from 1945 to 1961. Simultaneously, he also served as Propst (Provost) in nearby Plön during that period.

110 Such ambivalence of many British soldiers towards Germans was a common feature. Knowles, Peace, pp. 31–44.

We went on to the same concert as last night.[111] But it seemed twice as hot. I was very sleepy, and I am afraid I did not enjoy it nearly as much!

11[.00 a.m.] – 12.0[0 p.m.] End of Mess Dinner Party.
I came back from Orchestral Concert for the end of a large dinner party at the mess given for Gayk and other top people.

My chief conversation – quite one-sided – was with a youngish R.A.F. officer, who was a little, just a little overtalkative from drinks, and with a slow sombre drawl in finely phrased English told me that the R.A.F. unit in Kiel conscious that in view of Battle of Britain Day on Sept 15th[112] it was a very untimely moment for this week of the F.C.K. He had the strongest anti-German outlook I have met during the week, with all the usual points to back it up.

Thursday, 18 September 1947

10[.00 a.m.] – 12.30 [p.m.] Tour around Kiel
A convoy of cars containing the Town Council leaders, Press and us, did a fairly complete tour of the town – through the worst bombed areas of the city, across the harbour to near the shipyards where 15,000 men used to work and now only 4,000 at a ship-separating yard –

The desolation everywhere is momentous, the destruction complete[113] –

There were two relieving features – a tiny brick home built by a man from rubble bricks and made to look very nice – a little wooden and cement Swiss church given by the Swiss[114] – Quite beautiful in a

111 Howard did indeed attend a second performance of the same concert as the night before in the Large Hall of the Trade Union Building. Presseamt der Stadt Kiel, Programmheft Septemberwoche Kiel im Aufbau/Programme of the September Week "Rebuilding Kiel" (Kiel: Presseamt der Stadt Kiel, 1947), p. 58, StaK, 48777.

112 The Battle of Britain lasted from 13 August 1940 until spring 1941. 15 September 1940 marked its culminating point.

113 On Kiel in the Allied bombing war: Boelck, Kiel; Dallmann und Jensen, Meldungen.

114 Apart from churches, voluntary organizations from Switzerland, the United Kingdom, Denmark, Sweden or the United States operated in Kiel and other parts of the

simple way – The cement altar had the sign XP[115] at the front – Standing before the altar I asked if I might have the privilege of praying, which was readily granted, so I said the Lord's Prayer sentence by sentence in English, translated by my interpreter – It was listened to in stillness[,] and I hope joined in by some –

4.15 [p.m.] – 5.45 [p.m.] Tea at Prof. Rendtorff's.
This was quite the high light of my visit to Kiel – They live in one living room for kitchen, work, meals, and all – I was introduced to Mrs R[endtorff][116], a sweet elderly woman, to whom I gave a present of some coffee, sugar as an act of Christian goodwill from Marjorie[117] – It was charmingly received – In the living room the whole family[118] were lined up from youngest to oldest and an old aunt – a boy of 16,[119] a girl Ursula of 19, a girl of around 21, a young man of 26, who is training as an ordained[120] – We sat down to tea, and had a most delightful time of interchange of family news, with plenty of fun – Ursula gave me her address for Ruth[121] – I told them about the hymn tune of "Ye that have spent" and that led on to Dr. R. [Rendtorff] showing me a book of many German hymns with English translation, many of which I knew – So we sang together "Praise the Lord, the Almighty". When I told them that often during the war I prayed the Lord's Prayer in German, Dr R[endtorff] was deeply impressed, and the young son fetched me the Anglo-German Fellowship[122] card which he had and which I used.

British occupation zone to help alleviate the plight of civilians. Graham-Dixon, "moral mandate", p. 208.

115 In the handwritten diary, Howard drew the Chi-Rho symbol that represents Christ. This has not been included here.

116 Hedwig Rendtorff (née Besser; 1892–1972) married Heinrich Rendtorff in 1919.

117 It is most likely that Richard Howard refers here to his wife Ethel Marjorie Howard. Yet, this could not be established with absolute certainty because he also had a daughter of the same name (Marjorie Howard, 1916-deceased).

118 Hedwig and Heinrich Rendtorff had nine children.

119 This was probably Trutz-Gotthilf Peter Rendtorff (1931–2016), who followed in the footsteps of his father and later became professor of systematic theology at the Ludwig-Maximilians-University in Munich.

120 As before, Howard refers to Rolf Rendtorff, who was 22 and not 26 years of age.

121 Ruth Howard (1923–deceased) was Richard Howard's daughter.

122 From 1935 to 1939, the Anglo-German Fellowship was a British membership organization that promoted close relations between the United Kingdom and Germany. Its

I told them how amused Ruth would be when I[123] told her that in German Physio Therapy is Cranken-Gymnastics[124] [*sic*] (so Propst Lorentzen told me) and that in English Crankie means "half mad".[125]

6.0[0 p.m.] – 8.0[0 p.m.] Festival of Friends of Coventry.[126]
A large meeting of the 800 members of the F.C.K. – The Chairman, Herr Koch[127] [...][128], asked the Mayor of Coventry [George Briggs] to speak[,] and he made a great appeal to youth[,] then I spoke. See script.[129] Then [followed] Spencer[130], who amused them [the audience] by saying "I have been told to speak shortly. As a T.U. [Trade Union] man I consider that this should have been a matter for consultation, not of direction". He made an appeal for justice, which is the same all over the world.

German sister organization was the Deutsch-Englische Gesellschaft. It is not clear from the diary which organization said card relates to.

123 The remainder of this sentence was inserted here from p. 20 in the original document in line with Howard's annotations in the text.

124 The correct spelling is Krankengymnastik.

125 Note that "cranky" today means "grumpy".

126 The meeting of the Society of Friends of Coventry took place in the Large Hall of the Trade Union Building. Presseamt der Stadt Kiel, Programmheft Septemberwoche Kiel im Aufbau/Programme of the September Week "Rebuilding Kiel" (Kiel: Presseamt der Stadt Kiel, 1947), p. 59, StaK, 48777. Curiously, Howard does not mention in his diary that the members of the Society of Friends of Coventry awarded him, George Briggs and Wilfred Spencer honorary membership of their group at that meeting. Zu Ehrenmitgliedern der Gesellschaft der Freunde Coventrys/The Honorary Membership of the Society of Friends of Coventry. In: Mitteilungen der Gesellschaft der Freunde Coventrys/Journal of the Society of Friends of Coventry, 2 (15.10.1947), p. 12, StaK, 7543.

127 Willi Friedrich Gustav Koch (1903–1968) served as Kiel's lord mayor from March to October 1946. Koch was a founding member of the Christian Democratic Union in Kiel and co-publisher of the local newspaper "Kieler Nachrichten".

128 The annotation "(see next p)" found in the original document has been removed here.

129 The script that Howard refers to here is not included in the original document or archival file. Only a handwritten draft "An Address by Provost R.T. Howard to Christians in Kiel", n.d.; and an untitled and undated English transcript of Gayk's speech at the meeting of the Society of Friends of Coventry can be found in the folder CCA, PA2506/28/2/11.

130 Wilfred Spencer (1909–1977) was the Secretary of the Coventry Trades Union Council.

Then [followed] an hour's lecture by a Prof. Weber[131], a dear old man, very elaborate German, vigorously declaimed, a kind of U.N.A. [United Nations Association][132][,] talk on rather old fashioned lines, against power politics. But my interpreter could not tackle it, and I got very little of it.

Evidently there is a strong and numerous membership of the F.C.K. in Kiel.[133]

They [the Society of Friends of Coventry] are very anxious for more visits from Coventry and will pay tickets from the German frontier – They would like young people, children, holiday makers, etc – The[134] difficulty would be language – Unless our party had had interpreters provided[,] we would have been in great difficulty – No party again could expect to have interpreters –

The same necessity would apply to visitors from K[iel] to C[oventry] – We could never supply enough interpreters – Only English speaking Germans would be any use.

8.30 [p.m.] – 10.30 [p.m.] Party at Herr Koch's.
Herr Koch is a former Oberburgomaster and a gentleman – All like him[,] and he is trusted by the C.C.G. – We went to his home, met Mrs Koch,[135] a charming woman in the late 30's, and had wonderful bits of bread covered with tomatoes on savoury vegetables and coffee –

131 Professor of economics and sociology Alfred Weber (1868–1958), the younger brother of the sociologist Max Weber, delivered a lecture on "'The new international nationalism and the modern state'." On the content of Weber's talk: Zur Kritik des Staates und seiner Souveränität/Criticism of the State and Its Sovereignty. In: Mitteilungen der Gesellschaft der Freunde Coventrys/Journal of the Society of Friends of Coventry 2 (15.10.1947), pp. 11–14, StaK, 7543.

132 The United Nations Association is a non-government organization that operates internationally to promote the aims and objectives of the United Nations in its member states.

133 Reportedly, "one thousand persons from all classes of the population attended" the inaugural meeting of the Society of Friends of Coventry on 3 April 1947. Gründung der Gesellschaft der Freunde Coventrys/Foundation of the Society of Friends of Coventry. In: Mitteilungen der Gesellschaft der Freunde Coventrys/Journal of the Society of Friends of Coventry 1 (1.5.1947), pp. 1–2, StaK, 7543.

134 The subsequent lines of this entry have been moved from p. 48 in the original document in line with Howard's comments. The original in-text comment has not been included here.

135 Gertrud Else Minna Amalie Koch (née Sievers).

Most of the time was spent with Pastor Haupt[136], a strange[,] rugged pastor who has started an "Order" for primarily young people. I had its constitution and regulations sent to me. It sounds like a mixture of Iona[137], the Franciscans, along Protestant lines. Designed to teach the young to realise the father of Christ in a true Pietism but asks to live it out in its utmost practicality in community life – [...][138] He is regarded as a crank by many, but I could not help feeling that he may have got something of great value for an incredibly difficult situation.

Also spoke with the Herr President of Schleswig Holstein German Gov.t [Government] [Hermann Lüdemann], a distinguished elderly bearded man – He was deeply concerned as to how reconstruction might be achieved in the moral and spiritual sphere[.]

Friday, 19 September 1947

9.30 [a.m.] – 10.45 [a.m.] Tour with Pastor Lorentzen
He took me to see several bombed churches and a Swiss Hut in which 1,000 children are fed every day for 4 to 8 months in batches –

Then to his magnificent ancient church of St Nicholai, built he says in the 1200s – Utterly destroyed within and the rubble not cleared – He gave me a piece of stone from the church to place in the Chapel of Unity[139] – We then went to the little hall or Prayer Room where his congregation worships, and there I prayed in silence with him for a while – The altars have flowers in pots on them – The appearance is a bit grim –

136 Fritz Julius Joseph Haupt (1885–1969) was pastor at Kiel's St Jürgen Church from 1940 until his retirement in 1953.

137 This is probably a reference to the Iona Community, an ecumenical community that was founded in Scotland in 1938.

138 Since the document referred to in the original text is neither included in the diary nor in the archival file, the comment "See the Constitution" found on p. 24 of the original document has been removed here.

139 This is the "Kiel Stone" that is still held by the Coventry Cathedral Archives today. Coventry Cathedral, The Nations and Peace. The Kweilin Marble, the Ebony Crucifix and the Kiel Stone, Coventry Cathedral Pamphlets No. 3 (Coventry: Coventry Cathedral, n.d.), pp. 6–8, MS 2329/ENG/9/9/6/154–169. © Sir Basil Spence Archive. Courtesy of Historic Environment Scotland.

Then to meet his wife[140] and daughter and have some tea and biscuits – His wife is a radiant-faced elderly woman, who gleamed on me with benign pleasure – The daughter had been in a family in Ireland.

10.45 [a.m.] – 12.0[0] [p.m.] Tour with Pastor Haupt
Rev. [Reverend] Trewin[141][,] the Religious Affairs Officer[,][142] went round [with] me on this tour – He is a bit cautious and cynical about the Germans and, while kind to them, does not seem to think much of them.

Pastor Haupt took me to his huge ruined church[143] at the back End of which he has built in a small church which looks very nice and safe – though also grim! – Then we saw the site where he proposes to place the huts for his settlement, just outside the Church, so that members can come to prayers there daily.

Trewin told me that a pastor who had been vetted and passed by this German Bishop (Prot) as a Minister of the Order had been discovered to be guilty of war crimes in Belgium![144]

Then to his [Haupt's] home, where we [Howard and Trewin] met his 3d wife and two little girls, looking very thin and pale and wax like, but playful and sweet.[145]

Pastor Haupt seems devoted to his flock and says they are to him – Like all other Germans we have met, he talked freely of himself! – But I liked him –

1.30 [p.m.] – 6.0[0] [p.m.] Tour around the Lakes.
Schleswig[-]Holstein in part covered with beautiful Lakes – went to see these – Glad I got out of destruction for a while –

Scenery very lovely – well wooded – Road avenued with trees – rather monotonous –

---

140 This was Margarete Lorentzen.

141 It has not been possible to gather more detailed biographical information on Trewin beyond his role in the British military government. Howard had contacted Trewin ahead of his visit to Kiel. Richard J.C. Gutteridge to Richard T. Howard, 5.8.1947, CCA, PA2506/25/2/11.

142 On the CCG(BE)'s Religious Affairs Branch: Howson, Britain.

143 This was St Jürgen Church.

144 It has not been possible to establish the exact case that Trewin refers to here.

145 It has not been possible to establish the identities of the family members.

The great lakes were like our lakes in miniature without mountains[146] – We stopped at various points for views – At one point there was an exquisite view along a valley seen between sunlit beech trunks on r[ight] and black and white recumbent cows on l[eft] – Behind, a chapel, but it was rather ugly and depressing inside –

Through Preetz[147] to Lake Malente[148], and to see the 1750 "Castle" of the Duke of Something[149] – Here our interpreter told me his parents had been killed in a Gas chamber – He was a pre war Jewish Refugee – fought in war – now going to Oxford to read Law –

A wonderful tea in Hotel overlooking the Lake and drive home at 90 kmph = 60 mph[.]

Saturday, 20 September 1947

9.30 [a.m.] – 11.[00] [a.m.] <u>Summary Talks with CCG Mess and others</u>

Capt. Thompson gathered us to meet him and Cowie and Political Officer[150] and Personal Relations Officer[151] – We asked him [Thompson] if we had in any way embarrassed him[,] and he said no – Did he think the F.C.K. a good thing[?] – Yes – What form should it take[?] – how political[?] –

We discussed the German situation[152] [...].

146 This part of Schleswig-Holstein is commonly known as Holstein Switzerland (Holsteinische Schweiz) because of its hills, forests and lakes.

147 The town of Preetz lies to the southeast of Kiel.

148 There is no Lake Malente. The town of Malente is situated between two lakes: Kellersee and Dieksee.

149 This could be either Eutin Castle or Gut Güldenstein, a manor house located some 25 kilometres to the east of Malente and still owned by the House of Oldenburg today.

150 Howard might refer here to Capt. Ryder.

151 It has not been possible to identify this person.

152 In the original document, Howard inserted a reference on p. 29 in the original document ("as set out on p 39, 40") that refers to a section on "<u>The German Outlook</u>" on pp. 39–41. In this edition, this annotation has been removed and the part on "<u>The German Outlook</u>" can be found at the end in the section entitled "General Observations".

He [Thompson] hoped we might do something to counterbalance scurrilous articles against C.C.G. recently in Daily Mail and Express[153] –

We said we would do all in power – for influence with BBC [British Broadcasting Corporation] to get his [Thompsons] broadcasts on CCG put over in England – through circulation of pamphlets on CCG – through Coventry Press and other means –

We tried inadequately to convey our[154] thanks for great hospitality[.]

11[.00 a.m.] – 12.30 [p.m.] Farewells at the Town Hall.

In Oberburgomaster's Parlour we gathered for last time – I met a German lady[155] who had been speaking the night before and exchanged views on Social Democratic Party and Christian Churches – We agreed that Hate destroys, only love creates[.] She found it difficult not to hate the Nazis.[156]

Gayk gave me a ton of fruit "from the Oberburgomaster's garden" and to the mayor [Briggs] and Spencer a memento book –

Then up the high tower[157] to get a view of all Kiel –

Final good wishes and handshakes – I said I hope that friendship planted in bad weather might blossom in fine weather.

On way out visited a Book Room for Education of Germans in things British[158] –

153 The CCG relied on the "moral mandate" of British churches and voluntary organizations to help with the governance and administration of the British occupation zone. Graham-Dixon, "moral mandate", pp. 193–213. The reference to newspaper coverage criticizing the CCG might relate to allegations of corruption involving senior British officers stealing artwork and furniture from Bückeburg Castle. See, for example, Greenhough, Spotlight, p. 1. On these and other allegations: Knowles, Peace, pp. 45–63; Cowling, Germans, pp. 227–230.

154 The remainder of the sentence has been moved here from p. 29 in the original document.

155 It has not been possible to identify this person.

156 It has not been possible to identify this person.

157 Here, Howard refers to the tower of the city hall (Rathausturm).

158 This is a reference to the Kiel branch of the 50 British Information Centres that the CCG(BE) set up in its occupation zone between 1946 and 1949. Shortly after their launch, they were renamed "Die Brücke" (The Bridge). Prawitt, Kulturleben, pp. 102–103; Jürgensen and Garms, Briten, p. 149.

2.15 [p.m.] – 4.15 [p.m.] Journey Home.
Kiel to Hamburg.

A long 2 hrs run back along the way we came via Neumünster – Monotonous avenues again, but country beautiful and wooded –

Hamburg terribly destroyed[159] – Kiel on larger scale – Great mountains of rubble along road sides –

To Reichoff [*sic*] Hotel[160] – For British Personnel – a fine place = Opposite the Station – Luggage car broke down on way and arrived nearly 2 hrs after us –

Farewell to Capt[.] Thompson –

Wrote diary – Dinner – Dining in bedroom overlooking desolation – Bed –

Got up 4.30 [a.m.] – Excellent breakfast at 5.15 [a.m.] – Train 6.0[0 a.m.].

Hamburg to Hook wrote diary at Hanover – Hanover frightfully destroyed[161–162]

General Observations[163]

Kiel[164]

The town is frightfully devastated – like a centre of Coventry extended everywhere – 30 % of homes destroyed completely – But it looks like 70 %[165] – Heaps of rubble all along roadsides – the homes are all much bigger than in Coventry[,] and there are many tenement buildings – Most of these are shattered and burned out shells – In the laid out residential quarter almost every home stands burnt or demolished

159 Hamburg, pp. 35–103.

160 It appears highly likely that Howard stayed at the Reichshof Hotel in Kirchenallee 34–36.

161 Hannover, pp. 250–278.

162 Note that Howard left pp. 32–34 in the original document blank.

163 This heading is not part of the original document but has been inserted here to identify the section at the end of the diary where Howard made general observations.

164 In the original document, the "Kiel" section is on p. 37. Since Howard left no annotations in his diary as to where they belong elsewhere in the diary, it has been moved to the "General Observations" part in this edition.

165 In total, 78 % of Kiel was either destroyed or damaged. Schleswig-Holstein, p. 3. 34.7 % of housing was destroyed and 40.1 % damaged. Only 25.2 % of housing in Kiel remained intact. Dallmann and Jensen, Einleitung, p. 15.

– Gaunt wrecks everywhere looking as though they would fall – Mere walls standing –

Yet there are a small percentage of buildings whole or repaired and occupied – The trees along the roadside are flourishing and mask a good deal of the desolation –

The architecture is a common mixture of modern and "Victorian" [,] with certain indefinable differences from British buildings –

The shops are scarce and look poorly stocked[166] –

The effect of the desolation is to give a curiously wide and open spaciousness to the city –

The People of Kiel[167]

The people look grim and stern and sombre on the whole. They can mostly get some sort of extra food to their insufficient rations[168] – They are not unlike an English crowd in dress and appearance, but you get sudden surprises – men in shorts, children barefooted, women in bright colours or "native" costumes[169] – a general feeling of apathy – The children are very fair, but pale, and their eyes often look heavy.

Most of the young men have long straight hair, many flowing – the old men often shave their hair and are bald – for cleanliness ≠ coolness –

166 In the British zone, Schleswig-Holstein was hit particularly hard by the lack of supplies. Graham-Dixon, Occupation, pp. 126–172.

167 The section on "The People of Kiel" is on p. 38 of the handwritten diary. As there were no references to this section elsewhere in the original document, this part has been included in the "General Observations" section in this edition.

168 The food supply crisis that resulted in low daily rations of about 1,000 calories per person by autumn 1946 led to unrest. On 14 April 1947, between 50,000 and 70,000 residents of Kiel joined public protests against hunger. For the period from 26 May to 22 June 1947, the average daily food ration comprised 143 g of bread (four slices), two table spoons of nutrients (35 g), a small cup of skimmed milk, 4.5 g of cheese, 14 g of meat and 4.5 g of fat. Stüber, Hungerjahre, p. 210.

169 It is impossible to ascertain whether Howard refers here to traditional outfits from Kiel and Schleswig-Holstein or whether he also means the traditional fashion of refugees from the former German territories in the East. Andreas Kossert comments on the visual presence of refugees in Schleswig-Holstein (Heimat, pp. 71–77).

The German Outlook[170]

We merely met Town Councillors and generally speaking leaders – They were very friendly to us – ready to talk freely – they are evidently overshadowed with a[171] sense of the destruction which has engulfed their city – they could talk of little else – they did not seem to have the slightest interest in the destruction of other countries or of England in particular – if they asked if Coventry was damaged[,] and we replied with some description, it was always "Ah, but not so bad as Kiel", and [they] continued to describe Kiel. There was an element of this in Coventry after the Blitz, though not so pronounced. It is like the pathological condition of a sick man.

They evidently dislike the British occupation and want to be free. They resent the materials, especially cement, spent on British airfields, which had been broken up after the capitulation but some of which are now being restored – The cement could be used for building –[172]

They are all anti-Nazi[173] – Propst Lorentzen said that at the capitulation there was a complete and wholesale swing over against Nazismus (as they call it) – Presumably real Nazis are quiet – He [Propst Lorentzen] was grieved that the opportunity could not have been taken – There seems to be no "war guilt" – They identify themselves with opposition to the Hitler regime – They seem to expect us to treat them as though they had always been opposed to it and were victims of it – They cannot understand why they should have to be "controlled" and go on suffering.

Among ourselves [the delegation from Coventry] and the C.C.G. there was much discussion about all this. On the one hand, while the war was on[,] these Germans did fight on the Nazi side – Their sons killed ours – Can they throw off the responsibility for their deeds[?] – Must they not expect to go on suffering for the corporate deeds of

170 "The German Outlook" stretches over pp. 39–41 in the archival document. In the absence of any cross-references in this or other sections of the diary, this part has been placed under "General Observations".

171 In the original document, Howard scribbled the indefinite article "a" over the definite article "the".

172 This was largely a response to the general shortage of housing and supplies in the British zone.

173 Opinion polls and surveys offer a similarly ambiguous picture of German views on the recent National Socialist regime and also towards the British military occupation. Marshall, Attitudes, pp. 655–684.

their nation[?] – Could they be trusted to be a new kind of German people who would never rise to militarism again, as they progress[?] –

On the other hand, did they know of the evil deeds of their leaders, the concentration camps, etc[?] – were they not compelled to fight by circumstances beyond their choice[?] – Once the war began, can they be condemned for fighting for their country[?] – And, here is a great point, between 1933/35[174] and 1936[175] and even right up to 1939[176][,] did we British give the anti-Nazi element in Germany any help at all in their fight against Nazidom[?] – Did not our financiers help to finance Nazism and German rearmament[?] – we[re] not we afraid or too apathetic to help them[?] – So are we not in the same category as these present anti-Nazis[?] – Finally, the really guilty people, about whose responsibility for war crimes there can be no doubt, have been brought to trial and condemned[177] –

174 Since Howard's handwriting of the last number of the year is illegible in the original diary, it could not be established with absolute certainty whether he meant 1933 (as in the appointment of Adolf Hitler as German chancellor by President Paul von Hindenburg on 30 January 1933) or whether he meant 1935. The latter year saw major steps by the Hitler government to undermine the terms of the Versailles Treaty, including the re-introduction of the conscription and the official announcement of the creation of a German air force.

175 In 1936, German troops occupied the Rhineland that had been de-militarized after the First World War under the terms of the Versailles Treaty.

176 Howard obviously refers to the period up to the start of the Second World War with the German assault on Poland on 1 September 1939. The United Kingdom and France then declared war on Germany on 3 September 1939.

177 This is a reference to the Nuremberg Trials that the Allies held in the Bavarian city between 20 November 1945 and 1 October 1946 to bring chief war criminals to justice.

BIBLIOGRAPHY

Archival Sources

Coventry Cathedral Archives, Coventry [CCA]
PA2506/25/2/11

Historic Environment Scotland
MS 2329/ENG/9/9/6/154–169. © Sir Basil Spence Archive. Courtesy of Historic Environment Scotland.

Landeskirchliches Archiv der Nordkirche, Kiel [LKANK]
LKANK, 16.20.0, Nr. 761.

Stadtarchiv Kiel, Kiel [StaK]
StaK, 7543
StaK, 33672
StaK, 48777
StaK, 52909
StaK, P II/64/19470916/i.

Printed Sources

Boelck, Detlef: Kiel im Luftkrieg. Tagebuch des Alarmpostens Detlef Boelck, eingeleitet von Jürgen Plöger. Kiel 1980.

Chisholm, Martin: Kiel. Graveyard of the German Navy. In: Picture Post (6.10.1945), pp. 10–13.

Gallup, George (Ed.): The Gallup International Public Opinion Polls. Great Britain 1937–1975, 2 Vols. New York 1976.

Greenhough, Richard: Spotlight on a Prince's Fabulous Castle. In: Daily Mail (8.7.1947), p. 1.

Howard, Richard Thomas: Ruined and Rebuilt. The Story of Coventry Cathedral, 1939–1962. 4th ed. Coventry 2022.

Howard, Richard Thomas: The Story of the Destruction of Coventry Cathedral, 14th November 1940. Coventry 1941.

Klemperer, Victor: The Language of the Third Reich. LTI – Lingua Tertii Imperii. A Philologist's Notebook, translated by Martin Brady. London 2000.

Klemperer, Victor: LTI. Notizbuch eines Philologen. Nach der Ausgabe letzter Hand herausgegeben und kommentiert von Elke Fröhlich, 24., völlig neu bearbeitete Ausgabe. Stuttgart 2010.

Presseinformation 14/2021, Oranienburg, 18. April 2021: Gedenkstätte und Museum Sachsenhausen. <https://www.below-sbg.de/fileadmin/user_upload/Gedenkstaetten/Stiftung/Pressemitteilungen/2021/PDF/14_Jahrestag-Sa.pdf>.

Protests in Kiel. In: The Times (8.12.1948),p. 4.

Spence, Basil: Phoenix at Coventry. The Building of a Cathedral. London 1962.

Secondary Sources

Bohn, Robert and Markus Oddey: U-Bootbunker "Kilian". Kieler Hafen und Rüstung im Nationalsozialismus. Bielefeld 2003.

Carstens, Uwe: Die Flüchtlingslager der Stadt Kiel. Sammelunterkünfte als desintegrierender Faktor der Flüchtlingspolitik. Marburg 1992.

Connor, Ian: Refugees and Expellees in Post-war Germany. Manchester 2007.

Cowling, Daniel: Don't Let's Be Beastly to the Germans. The British Occupation of Germany, 1945–49. London 2023.

Dallmann, Alina and Jürgen Jensen: Einleitung. In: "Geheim!" Meldungen vom Kieler Kriegsschauplatz. Die alliierten Luftangriffe in den Lageberichten des örtlichen Polizeipräsidenten 1940/45, ed. by Alina Dallmann and Jürgen Jensen. Husum 2020, pp. 9–20.

Danker, Jörn: Die Kieler Woche im Wandel. Die Neugründung der Kieler Woche nach dem Zweiten Weltkrieg. Kiel 1990.

Deighton, Ann: The Impossible Peace. Britain, the Division of Germany and the Origins of the Cold War. Oxford 1990.

Demshuk, Andrew: Citizens in Name Only. The National Status of German Expellees, 1945–53. In: Ethnopolitics 5 (2006), pp. 383–397.

Dopheide, Renate: Gedenkstätten zur Erinnerung an die Opfer des Nationalsozialismus in Kiel und Umgebung. In: Mitteilungen der Gesellschaft für Kieler Stadtgeschichte 77 (1991–94), pp. 141–208.

Dopheide, Renate: Kiel, Mai 1945. Britische Truppen besetzen die Kriegsmarinestadt. Kiel 2007.

Erdmann, Heinrich: Großbritannien als "großer Lehrmeister der Demokratie". Hermann Lüdemann am 28. Februar und 5. August 1947 über die "Vorläufige Verfassung des Landes Schleswig-Holstein" vom 12. Juni 1946. In: Zeitschrift der Gesellschaft für Schleswig-Holsteinische Geschichte 149 (2024), pp. 215–244.

Erlenbusch, Timo: Kiels Städtepartnerschaften. Die kommunale Außenpolitik der Stadt Kiel von der frühen Nachkriegszeit bis ans Ende der Neunzigerjahre. Kiel/Hamburg 2022.

Fischer, Rolf: Hermann Lüdemann und die deutsche Demokratie. Neumünster 2006.

Fulbrook, Mary and Ulinka Rublack: In Relation. The "Social Self" and Ego-Documents. In: German History 28 (2010), pp. 263–272.

Gassert, Philipp: Bewegte Gesellschaft: Deutsche Protestgeschichte seit 1945. Stuttgart 2018.

Goebel, Stefan: Commemorative Cosmopolis. Transnational Networks of Remembrance in Post-War Coventry. In: Cities into Battlefields. Metropolitan Scenarios, Experiences and Commemorations of Total War, ed. by Stefan Goebel and Derek Keene. Farnham 2011, pp. 163–83.

Graham-Dixon, Francis: The Allied Occupation of Germany. The Refugee Crisis, Denazification and the Path to Reconstruction. London 2013.

Graham-Dixon, Francis: A "moral mandate" for Occupation. The British Churches and Voluntary Organizations in North-Western Germany, 1945–1949. In: German History 28 (2010), pp. 193–213.

Grieser, Helmut: Reichsbesitz, Entmilitarisierung und Friedensindustrie in Kiel nach dem Zweiten Weltkrieg. Kiel 1979.

Grieser, Helmut: Wiederaufstieg aus Trümmern (1945 bis in die Gegenwart). In: Geschichte der Stadt Kiel, ed. by Jürgen Jensen and Peter Wulf. Neumünster 1991, pp. 401–456.

Gröpler, Helmut: Die Engel hielten den Atem an. Das Nagelkreuz von Coventry; Geschichte und Geschichten. Berlin 1992.

Hamburg. In: Kriegsschicksale Deutscher Architektur. Verluste – Schäden – Wiederaufbau. Eine Dokumentation für das Gebiet der Bundesrepublik, ed. by Hartwig Beseler and Niels Gutschow, 2 Vols. Neumünster 1988. Vol. 1, pp. 35–103.

Hannover. In: Kriegsschicksale Deutscher Architektur. Verluste – Schäden – Wiederaufbau. Eine Dokumentation für das Gebiet der Bundesrepublik, ed. by Hartwig Beseler and Niels Gutschow, 2 Vols. Neumünster 1988. Vol. 1, pp. 201–327.

Hasselmann, Karl-Behrnd (Ed.): Kirche in Kiel. 750 Jahre Kiel. 750 Jahre St. Nikolai. Neumünster 1991.

Hertz, Helge-Fabien: Evangelische Kirchen im Nationalsozialismus. Kollektivbiografische Untersuchung der schleswig-holsteinischen Pastorenschaft. 3 Vols. Berlin 2022.

Howson, Peter: Britain and the German Churches 1945–1950: The Role of the Religious Affairs Branch in the British Zone. Woodbridge 2021.

Jensen, Jürgen and Karl Rickers (Ed.): Andreas Gayk und seine Zeit 1893–1954. Erinnerungen an den Kieler Oberbürgermeister. Neumünster 1974.

Jürgensen, Kurt and Gerhard Garms: Die Briten in Schleswig-Holstein 1945–1949. Aus nächster Nähe beobachtet und mit Erinnerungen versehen vom Kieler Filmproduzenten und Kameramann Gerhard Garms. Neumünster 1989.

Knowles, Christopher: Winning the Peace. The British in Occupied Germany, 1945–1948. London 2017.

Kossert, Andreas: Kalte Heimat. Die Geschichte der deutschen Vertriebenen nach 1945. München 2008.

Kurki, Allan: Operation Moonlight Sonata. The German Raid on Coventry. Westport 1995.

Lambourne, Nicola: War Damage in Western Europe. The Destruction of Historic Monuments during the Second World War. Edinburgh 2001.

Laucht, Christoph and Tom Allbeson: Urban Internationalism. Coventry, Kiel, Reconstruction and the Role of Cities in British-German Reconciliation, 1945–1949. In: Urban History 51 (2024), S. 683–708.

Linck, Stephan: Neue Anfänge? Der Umgang der Evangelischen Kirche mit der NS-Vergangenheit und ihr Verhältnis zum Judentum. Die Landeskirchen in Nordelbien, 2 Vols. Kiel 2016.

Marshall, Barbara: German Attitudes to British Military Government 1945–47. In: Journal of Contemporary History 15 (1980), pp. 655–684.

Martens, Holger: Zur Rolle von Andreas Gayk in der Kommunal- und Landespolitik 1945–1954. In: Mitteilungen der Gesellschaft für Kieler Stadtgeschichte 79 (1995–99), pp. 241–76.

Prawitt, Torsten: Kieler Kulturleben in der Trümmerzeit 1945–48. Kiel 1986.

Rosenplänter, Johannes: Dimensionen der Zerstörung. Schadenserfassung und Schadensbilanz. In: Luftkrieg und "Heimatfront". Kriegserleben in der NS-Gesellschaft in Kiel 1939–1945, ed. by Doris Tillmann and Johannes Rosenplänter. Kiel 2020, pp. 150–165.

Schleswig-Holstein. In: Kriegsschicksale Deutscher Architektur. Verluste – Schäden – Wiederaufbau. Eine Dokumentation für das Gebiet der Bundesrepublik, ed. by Hartwig Beseler and Niels Gutschow, 2 Vols. Neumünster 1988. Vol. 1, pp. 1–33.

Schnoor, Paul: Jensen, Herbert Friedrich. Architekt, Stadtbaurat, Professor für Städtebau. In: Kieler Lebensläufe aus sechs Jahrhunderten, ed. by Hans-F. Rothert. Neumünster 2006, pp. 167–169.

Schuegraf, Oliver: The Cross of Nails. Joining in God's Mission of Reconciliation, translated by Gren Hatton. Norwich 2012.

The Story of the Cross of Nails, <https://www.coventry.anglican.org/the-story-of-the-cross-of-nails.php>.

Stüber, Gabriele: Kieler Hungerjahre 1945–1948. Teil 2. Politische, wirtschaftliche und soziale Auswirkungen der Ernährungskrise. In: Mitteilungen der Gesellschaft für Kieler Stadtgeschichte 69 (1983–1985), pp. 205–238.

Taylor, Frederick: Coventry. Thursday, 14 November 1940. London 2015.

Tillmann, Doris: "Zerstörtes Kiel". Ein Bilderzyklus von Hans Rickers. In: Luftkrieg und "Heimatfront". Kriegserleben in der NS-Gesellschaft in Kiel 1939–1945, ed. by Doris Tillmann and Johannes Rosenplänter. Kiel 2020, pp. 166–171.

Trentmann, Frank: Out of the Darkness. The Germans 1942–2022. London 2023.

INDEX

The devastated church of St Nikolai, located on the Old Market (Alter Markt), around 1946.

Stadtarchiv Kiel Sig. 75.569

Provost Howard (left) with Winston Churchill in the ruins of Coventry Cathedral, 28 September 1941.
Wikipedia